驚きの東大合格率

小さな数学塾のヒミツ

稲荷 誠
Makoto Inari

東洋出版

推薦文

福崎　文吾　日本将棋連盟九段
松本　整　元競輪選手／順天堂大学協力研究員／バンクーバーオリンピック日本選手団スケルトントレーナー／日本スケート連盟強化スタッフ／クラブコング株式会社代表取締役
古田　富建　帝塚山学院大学准教授
清野　純史　京都大学教授／工学博士
石川　知明　三重大学大学院生物資源学研究科教授
原　一郎　水産大学校海洋生産管理学科資源環境計画学講座教授

福崎　文吾　日本将棋連盟九段

稲荷君とは共に将棋の修業をしていた時からの戦友である。かれこれ34年になるが、2人で会って話をする時は、私が7割ぐらいしゃべり、稲荷君は「ふんふん」と冷静に聞いていることが多い。時に私は怒ったり、批判的になることがあるが、稲荷君はいつも笑顔で朗らかだ。これは初めて出会ったときから変わらない。今回著作を読んでみて、なるほどと納得することがあったので、直感的な内容になるが、2、3感想を述べてみようと思う。

私は将棋一筋で来たが、稲荷君は俯瞰的（ふかんてき）な物の考え方に立った方法論を持っている。私にはない考え方だ。スポーツのコーチのような、あるいは登山や南極探検隊の方とでも言おうか、そのような思考法に通じるものを感じる………。

私も今では対局だけではなく、小学生を中心に将棋教室等で教えるようになったが、その経験と対比してみて思うことは、稲荷君は必要なことを語り、その内容は緻密だということだ。

この本を、これからの生き方を考えて行くべき年代に差し掛かった中学生、高校生の皆さんに推薦します。きっと強いインパクトを感じ、何か開眼するところがあると思います。

松本　整

元競輪選手（45歳で高松宮記念杯競輪を優勝し、G1最高齢優勝記録樹立）／順天堂大学協力研究員／バンクーバーオリンピック日本選手団スケルトントレーナー／日本スケート連盟強化スタッフ／クラブコング株式会社代表取締役

ビジネスであれスポーツであれ、成功するために最も重要な能力は、問題となる課題の本質を見極め、それを克服するために思考をどれだけ展開することができるかではないかと考えています。そして、そのためには問題の本質を見つける力と多面的で横断的な発想が必要となります。

数学は、課題の本質を論理的に見つけ出す能力を養うことに非常に役立つ学問だと思います。その数学的思考を稲荷メソッドで学べば誰でも非常に効率よく身につけられる。

この効率がよいということは非常に重要です。なぜなら効率のよい学習は人生の限られた時間をより有効に活かすことが出来るからです。

心の成長にとって非常に大切な思春期の時間を勉強だけに使わずに、様々な経験をするために使える。これは稲荷メソッドの最大の効果といえると思います。

稲荷メソッドで学ぶということ、それは、ただ受験のためだけでなく、実社会での難問解決に必

要な力を養う基礎となり、思春期のお子さんの心の成長までもサポートできる可能性が秘められているのではないでしょうか。

古田　富建　　帝塚山学院大学准教授

稲荷メソッドで勉強すれば、フツーの子でも、東大、京大理系合格は難しくない。

この本をひとことに要約すれば、こうなるのであろう。このことは誇張でも希望的観測でもなく、〝緻密なメソッド〟と〝確かな実績〟に裏付けされた真実だと付け加えておこう。最高学府の合格をサラリと言ってのける稲荷氏って格好いいと思うと同時に、特別勉強のできる子ではなくフツーの子の学力を伸ばしていく様子は、漫画『ドラゴン桜』もびっくりの内容である。

昨今の教育業界は、少子化と不景気の波をまともに受け、弱い者が次々と淘汰されていく厳しい氷河期を迎えている。大学業界ですらそうなのだから、私塾などなおさらだと思う。しかし稲荷塾は、まるで職人のように理数系に特化して他塾にはないノウハウを編み出し、厳しい塾業界で生徒数を伸ばし続けている真に実力ある塾だ。私自身も受験で予備校のお世話になったことがあるし、学生時代に小中学生を対象とした学習塾でアルバイトをした経験もあるが、稲荷塾が持つ圧倒的な〝教育の質の高さ〟には正直目からウロコであった（メソッドの詳細は本書内に十分書き記されているので省略させていただく）。

また、この本は稲荷メソッドの紹介だけに終わらない。稲荷氏の生き様やライフヒストリーなども垣間見られる内容となっている。波乱万丈な稲荷氏の人生もそれはそれで面白いが、そこから伝わってくる教育者としての〝情熱〟は、同業者でもある私自身、最も胸を打たれた部分である。ともすると、東大、京大合格の確かなメソッド以上に、明るく情熱的な稲荷氏の人柄こそが稲荷塾の最大の武器なのかもしれない。そして、約10年ぶりに稲荷氏に再会して感じたのは、四人家族の稲荷家の仲の良さである。その間、ずっと年賀状をやり取りさせていただいていたが、毎年少しずつ成長していくお子さんの様子がつづられた文面もそれを物語っている。二人のお子さんはすでに多感な思春期に入ったが、スポーツやアウトドアなどをいまだに親子そろって楽しむ絆の深い親子である。私も二児の父親だが、人の子なら適当にごまかすことができても、わが子の信頼を勝ち取ることは、たやすくないと知っている。

中学受験は、子供の将来を思ってのこととはいえ、小学生にはなかなか過酷なもので、テクニックに走るだけの傾向も見られる。そこで、子どもたちの受検の最終目標である大学受験に標準を合わせ、中学生以降から、無理のないプランでコツコツと実力を延ばしていく稲荷メソッドは、日本の教育界における希望の光ではないだろうか。

学歴・経歴

二〇〇二年　東京外国語大学外国語学部朝鮮語専攻卒業

二〇〇四年　東京大学大学院人文社会系研究科修士課程卒業

二〇〇八年　東京大学大学院人文社会系研究科博士課程満期取得退学

島根大学外国語教育センター講師を経た後、現在帝塚山学院大学リベラルアーツ学部准教授

清野　純史　　京都大学教授　工学博士

どの世界にも名コーチと呼ばれる人はいるものだ。教え子に明確な目標を与え、その力を最大限に引き出せる人。稲荷さんはそんな人だ。

石川　知明　三重大学大学院生物資源学研究科教授

強い共感と大きな期待

私は京都市内の公立高校の出身である。当時、京都は「住所によって受験できる公立高校はひとつ」という小学区制であった。この制度は長所もあったが、少なくとも大学への進学に対する学力養成という観点からは大きな問題を持っていたと思う。そのため、大学進学を目指す者の多くは、塾や予備校通いをしていた。

私の通っていた塾は、塾長が担当する数学の教え方がユニーク、難問を解かせることで有名で、優秀な生徒がそろっていた。そのため、私は塾ではほとんど常に最下位の位置に甘んじていた。小テストは毎回０点が続き、宿題は半分解くのがやっとという状態であった。ちなみに、テスト返しは、名前と点数を全員の前で読み上げるというもので、生徒の間で成績の順位は明らかだった。このような状況の中でも塾に通い、勉強を続けた理由は、たまにではあるが難問と言われるものが解けたときの爽快感であったと思う。塾長がよく言っておられた、「数学というのはね、昔は算術とゆうたんや。術と言うのはね、人をあっと驚かすものなんや。そやから人をあっと驚かす解き方をしてこそ数学は価値があるんや。」……という言葉が今も頭の中に残っている。難問を解いたときの爽快感、あっと驚くような解き方を探る楽しみから、いろいろなことに好奇心、探究心を持って取り組むことの大切さ、探求する手法の基礎を教えていただいたように思う。加えて、人というものは、成績、学力をはっきりと知らされることによって自分の現状を正しく認識し、はじめて改善の努力をする（実際には努力をしたわけではないが）ものだということを身をもって経験することができた。

このような高校生活を過ごした私が、稲荷先生の考えで強く共感するのは、学力に応じて教育するということである。世間には、学力別ということに対して反対する人が多い。しかし、スポーツの世界では冷酷なまでに順位を付け、それが支持されている。それぞれの選手が、試合などによる順位付けをもとに自分の現状を正しく認識し、現在よりも上を目指して努力する。これは至極当然のことで、教育もこうあるべきと私は考えている。大学の講義で悩むことは、理解度の異なる学生たちのどのあたりに講義内容のレベルを合わせるかということである。これは中学、高校でも同じことだと思う。理解が早い生徒はわかりきった説明にダレてしまい、理解の遅い生徒は意味不明の説明に退屈する。これを解決するためには、理解が早い生徒にはどんどん先を教え、理解が遅い生徒には時間をかけて教えていくという教育を行う以外ないと思う。同じ教育をするのではなく、学力に応じた教育をすることが、真の平等であると考える。このことから、稲荷先生の教育方針、提案には大賛成である。

ところで、学力別の教育というと、受験対策、受験テクニックに極端に偏った無味乾燥の教育を想像する人もいる。しかし、稲荷先生については、それは杞憂であろう。淀川から上がってくる魚の卵を採取し飼育するという好奇心、探究心、行動力は、失礼ながら稲荷先生の年齢を考えるとすごいと思う。また、テニスの腕前がすばらしく、こだわりも人一倍であると聞いている。たまにではあるが、稲荷先生が出題される数学の問題を見せていただくことがある。私が高校時代に塾で習ったような問題と似ているものも多く、良問が精選されていると感じる。稲荷先生に教えてもらった生徒は、難問を解いたときの爽快感、あっと驚くような解き方を探る楽しみを体験するとともに、物事に取り組む楽しさに気付き、探求する手法を身につけていくであろう。私に数学の楽しみを教えてくださった「塾長」を彷彿させるような稲荷先生の今後のご活躍に大いに期待したい。

原　一郎　水産大学校海洋生産管理学科資源環境計画学講座教授

数学の場合、基本的な解法技術を修得すれば正解が得られる。だが、解法は一つではない。著者は、「『君達はこのように習って来ただろうが、本当はこういう意味だ』とか『こういうやり方が一般的だが、実はこうすればずっと楽だ』のように新しい見方を示し、斬新な技術を伝える」と述べている。

新しい視点、多面的な見方と思考力の重要性だ。これにより新たな興味がわき、さらに基礎学問の修得による物の見方・考え方、問題解決の力が養われる。すなわち「複雑に絡み合った事象の中から本質を見極め、論理的に説明する能力……、こういった潜在的な素養の有無」と著者が説明する能力は、社会人になってからも重要だ。社会では正解のない事象について答えを見つけ、論理的に説明し、企画を実行していかなければならない。単なる受験技術だけの教育ではない。このような教育法は苦労した実践者だからこそ説得力があるし、結果もでている。

著者は読者を受験現場にいる中高生とその保護者としているが、塾の講師ならびに教育現場の教員にこそ読んでほしい良書である。

はじめに

稲荷塾は京都府長岡京市の片田舎にある、文字通り「小さな数学塾」だ。教える科目は数学のみ、教室も一つ、講師も一人だけである。小学生部と中学数学のクラスは個別指導形式にしているので、数人の大学生にチューターとして手伝ってもらっているが、高校数学の各クラスは私一人で担当している。当然生徒数もわずかで、毎年10人前後の卒業生を出す程度の規模だ。しかし、数は少なくてもその率に注目すると、これまで東大を受験した9人がすべて合格していることをはじめとして、個人塾としては異例の合格率ではないかと思っている。量より質の塾なのだ。

これまでの経緯を振り返ると、1994年春に最初の卒業生3人が全員京大に合格したのを出発点として、少しずつ（本当に少しずつ）生徒数を増やして来た。募集対象も、はじめは高3生のみとしていたのを、あるときから高校生以上を集めるようになり、それが中3生以上、中学生以上と徐々に対象範囲を拡大し、現在では小学3年生以上の学生が通うようになった。

このエッセイは、塾生とその保護者を対象に、勉強の仕方等で参考になればと思い、2004年秋から書き始めた。最初は年に1回、新しい話題を1つ書き加えるというペースで進めて来たが、徐々にスピードアップして、2008年から急激に書くテンポが速くなった。というのは、その時点でボリューム的にも40ページ程度になったので、試しに卒業生や私の友人に配ってみると、結構反応が良く、「続きが読みたい」「本にしたら?」等の声をもらい、それに乗せられた形になったのだ。

本にするために、もう少し一般的な内容にする必要があったが、あくまで**意識している読者としては、受験現場にいる中高生、及び小、中、高校生を子供に持つ保護者**で通している。話があっちに行ったり、こっちに行ったりしているように見えるが、その点は一貫しているつもりだ。……少し弁解しているように聞こえるのは、「おもしろいけど、誰に読んでもらいたいのかよく分かりませんねえ」と卒業生の七山君から指摘を受けたからだ。彼は高校生のとき、将棋の団体戦で全国優勝した経歴を持ち、京大在学中に会計士の資格を取ったという優秀な男だ。流石に厳しいことを言うなあと感心したが、一応そういうことなので、理解してほしい。ついでに、彼の思い出話をひとつしておこう。入塾テストのとき、七山という珍しい名前を見て、

「将棋で有名な七山君ってのがいるんだけど、知ってる?」

と聞いてみた。

「知ってます」

という返事に、思わず熱を込めて

「知り合いか?」

と畳み掛けた。

「僕です」

「……！」

次に、いろんな話題の中で、それらを貫く基本姿勢として、**新しい視点と、あまり知られていないけれどもおもしろい知識の提供**を念頭に置いているということを確認しておこう。「そんな見方があるのか⁉」「へえ〜そうなの⁉」というようなレスポンスが得られるようにと心掛けているということだ。思い返せば、このスタイルは予備校の講師をしていた頃に身に付いたものだ。それまで勤めていた塾では、まだ習っていないであろう分野を分かり易く説明することが要求されたが、予備校でそれをやれば退屈されてしまう。特に京大クラスなどでは、あまりに基本的過ぎる説明を繰り返していると「なめられて」しまうのだ。「君達はこのように習って来ただろうが、本当はこういう意味だ」とか「こういうやり方が一般的だが、実はこうすればずっと楽だ」のように新しい見方を示し、斬新な技術を伝えることとなくして彼らを引き付けることはできない。予備校での人気はアンケート調査で測られ、その結果により担当クラス、駒数、時給などが決められて行く……。それは一般の塾と比較してかなりシビアな世界だ。私はここで揉まれながら、いままで書いてきたような切り口で話をするのが癖になってしまったというわけだ。ちなみに私のアンケート調査の成績はかなりいい方で、特に学力が高いクラスでは常にトップレベルだったので、辞める前の数年は京大クラスのみを担当していた。稲荷塾のキャッチコピーを「東大、京大受験のための数学専門塾」にしているのも、ここに自分の特性を見出したからに他ならない。

最後に読み方について書いておこう。軽い読み物風のところもあるし、重要なノウハウを凝縮したような部分もあるので、それぞれで読み方を変えてほしい。前者については、文字通り軽く読み流してもらえばいいが、後者については、じっくり読み、自分で試してみて、また読み返すというように扱ってもらえると良いのではないかと考えている。成長期にある中高生の視野が広がり、情熱を傾けることの出来る分野を見出し、そしてその分野で成功を収めることができるように、何よりも、幸せを感じ、感謝感激の思いで生きて行けるようにと願って止まない。又、彼らを見守る保護者が、近視眼的になることなく、本当の意味で彼らを助け、親自体が子供との関わりの中で豊かさを感じて行けるようにとも願っている。要するに、これは若い世代に贈る応援歌だ。(私自身もまだ若いが……)その上で本書が何らかのヒントになれば、これ以上の幸いはない。

驚きの東大合格率　小さな数学塾のヒミツ

目次

推薦文……1
はじめに……15
目次……19

Ⅰ章　画期的カリキュラムのヒミツ　23

1　画期的カリキュラム……25
大学の特性と入試問題の関係……25
中学から高校にかけてのカリキュラム……27
中１における適正な準備　その１……30
中１における適正な準備　その２……33
準備は小学生のうちから……34
２つの道……35
中学受験の問題点……35
稲荷塾方式……38
画期的カリキュラムのまとめ……42

2　俺は学校を作るぞ！……47

3　チェビシェフの不等式……52

Ⅱ章　ノウハウのヒミツ　57

1　3ヶ月で偏差値10ポイントアップのための勉強法？……59
復習ノートの勧め……60
1つの問題を3回やろう！……61
忘れない英単語の覚え方……63
眠気を克服するには……64
テレビを断ってみてはどうか……65
心に響いたことはすぐに実行しよう！……67
技術よりパワー！……68
2　理科を制する者が勝利を掴む……74
3　演習の質を高めよう……81
〈ワンポイント講義〉……84
4　必殺技リンザ……88
5　リンゴを落とすな！……93

Ⅲ章　塾長のヒミツ―エッセイ―　95

1　小畑川の水は何故涸れる？……97
2　才能とは集中力……102
3　夢と理想……109
4　自己管理と習慣……113
5　武勇伝……116
6　鯉の産卵……121
7　頑張れFさん！……125
8　テニスのすすめ……130
9　真剣勝負を短刀で闘う……134
10　立ち上がれ、平成の志士達よ！……138
11　検索……141
12　自分の土俵を探そう……145
13　まずは情緒……151
おわりに……155

Ⅰ章　画期的カリキュラムのヒミツ

1　画期的カリキュラム

大学の特性と入試問題の関係

まず、各大学の特性と、それに伴う数学の入試問題の特徴をいくつかの大学を例にとって考えてみたい。

以下はあくまで私見だが、神戸大学は現場で役に立つ人を作るための大学だ。従って入試問題は、必要な知識、技術をマスターしているかどうかを問うことになる。試験時間は2時間になっているが、これをもし私のように高校数学をスミからスミまで知っている者が受けたとすれば、約1時間で間違いなく満点をとることができる。要するに、知るべきことを知ってさえいたら、瞬時に方針が立つ問題が並んでいるということだ。北海道大学、東北大学、名古屋大学、九州大学等もほぼ同様だ。

次に京都大学を見ると、これは研究者を育成するための大学だ。入ってからの授業もトップ1割程度のみを対象にしているという印象だ。私の経験でも、思いっ切り難しい証明を「当然ですね……」と30秒程度で済ませてしまうようなことが何度もあった。単位はとり易いが、実際に授業について行っている者はごく僅かしかいない……。モノにならない者はハナから相手にしていないのだ。話が少しそれたが、大学の姿勢がそのまま入試問題にも表れているのが面白いところだ。京大の問題は、通常の段階を踏んだ議論によって得られる結論ではなく「見たら分かるやろ」と言わんばかりの一足飛びの冴えを要求する内容がしばしば出題される。そういった問題は見えてしまえば簡単だが、標準レベルの問題でしか演習したことのない受験生には非常に難しく感じるものだ。その他には論証の京大と言われるが如く、論証力を問う問題が多いことも特徴的だ。また、一般性、抽象性を好む傾向が強く、一読しただけでは、何が問われているのか、その意味が分かりにくいことも多い。「どういうことだろう？　何を示せばいいのだろう……？」と試行錯誤の末にようやく方針が見えて来るようになっていることが少なくない。結局神戸大学の問題で7割から8割の得点ができるようになってから、京大の問題で5割正解できるようになるまでに約1年ぐらいはかかるというのが平均的なところだろう。この「5割」が工学部に受かるための最低ラインだが、医学部になると7割程度の解答力が要求され、京大の工学部に受かるぐらいの実力をつけてから、京大の医学部に合格するレベルに到達するのにさらにあと1年ぐらいはかかると見てよい。

最後に東京大学についても触れておこう。東大は官僚を育成するために作られた大学だ。面倒くさい案件があったとしても、眉毛ひとつ動かさずに処理できるような人間を要求している。入試問題もその如くだ。それなりの訓練をしておかなければ、解法の糸口すらつかめないというところは京大と似ているが、方針が立った後もただただ面倒な計算が要求されるという点では際立っている。やはり神戸大学工学部レベルから東大理Ⅰレベルに至るのに1年、理Ⅲともなれば、さらにそこから1年は必要だろう。

中学から高校にかけてのカリキュラム

ここまで書いて来たことについて、ひとつ注意しておかなければならないのは、特別に恵まれた能力を持った子について話しているのではないということだ。私の感覚で言えばどこにでもいるような「ちょっと賢い子」について話題にしているわけで、要するに普通に勉強して神戸の工学部に受かる子は、あと1年頑張れば京大の工学部に合格し、京大工学部に入れる子はもう1年積み上げれば京大医学部に通ると言っているのだ。神戸大レベルの能力、京大レベルの能力といったものが存在するのではなく、どのように準備して来たかという違いが、神戸になったり、京都になったりという結果を左右していると主張しているのだ。確認までだが、もちろん京大医学部、東大理Ⅲ、ここが日本で最も高い学力を要求するところだ。ということは、京医、理Ⅲに届くように準備して行けば、どこにでも行きたいところに行けることになるわけで、神戸工から京大工に1年、京大工から京大医に1年、結局神戸工から京大医に2年かかるとするならば、逆算して高1終了時に神戸工レベルになれるように準備すればよいわけだ。

具体的に書こう。灘中学校・高等学校（以下　灘とする）では中2から高校数学に入り、高1終了と同時に高校課程を学び終えることができる。（実際には、高校から灘に入って来たメンバーと進度を合わせる為に、高1の1年間を数ⅠAと数ⅡBの演習に充て、高2で数ⅢCを学ぶようにしているようだ。いずれにせよ、演習のために2年間を投入できるかたちにしている）このカリキュラムにうまく乗って行くと高1が終わる頃には神戸工レベル、高2で京工レベル、そして高3で京医レベルに到達することができる。かくして灘からは普通に東大に入り、上位層は京大医学部、東大理Ⅲにも受かることになる……。これだけ聞くと「ああ、灘の子は優秀なんですね」ということになるが、この感想には重大な見落としがある。彼らは一般の中高一貫校より1年も早く高校数学を学び終えるが、**1年も早く学び始めているのだ**。つまり、高校数学全般を学習するのに費やす期間は全く同じ3年間だ。学ぶ内容が大きく変わるわけではないし、この3年間については何も無理をしていない。**早いが速くない**のだ。近頃、実績を出すために血眼になっている高校が、前述の3年間を2年半、場合によっては2年間に短縮しているのに比べるとどれ程にゆとりがあることか。そういった進学校と呼ばれる高校では体育系のクラブが禁止になっていたり、毎日7時間授業、あるいはそれ以上だったり、土曜日にも授業がある、宿題の量がとんでもなく多い……などの歪みが生じることになる。対して灘では7時間授業の日は週1回で、土曜日は休みになっている。それはさておき、我々の関心事は中2から高校数学に入ることに無理はないのかということになるだろう。それさえできれば普通に高校数学を学び、普通にどこの大学にも受かるレベルに到達できるわけだが、結論から言ってしまえば、全く問題はない。いやむしろ、その方が自然だということができるだろう。何故なら、中学数学は算数から数学への移行期における高校数学のための準備として位置付けられており、量的なことを言えば、中学数学全部を合わせても数ⅠAより少ないのだ。つまり、中学数学は量的に言って、高校数学の3分の1にすらならないのだ。だから、数ⅠAに1年間を充てるのであれば、中学数学も1年間で十分だということになる。

それでは何故、中学課程を学習するのに多くの中高一貫校が2年間、あるいは一般の公立中学が3年間を必要だと考えているのだろうか。予想される返答は「生徒の成長段階を考慮して……」ということになるだろうが、恐らく何も考えていないというのが実際だろう。そうでなければ、変化を怖がって行動できないだけなのかも知れない。ひとつ具体例を上げよう。稲荷塾の中1クラスでは、3月半ばの開講の一番最初の1時間40分の授業中に大概の子は正、負の数の四則演算まで終了し、その後は文字式の話に入って行く。どんどん新しい知識に触れて、その学びは楽しい筈だ。ところが私の娘が通っている公立中学では中1の7月に入ってもまだ正の数、負の数をやっていた。その間一体何を教えていたのだろう？　私には全く理解できない。これでは間延びどころの騒ぎではなく、究極の退屈だ。少々過激な表現になってしまったが、その優柔不断さが後に生徒が高校に入学したときに「急に数学で覚える量が増えた」と感じる要因を作り、何より生徒のもっと伸びて行ける可能性を削いでいることを知るべきだ。まとめてみよう。

「クラブ活動は高3の終わりまでしたい」
「睡眠時間を削ってのハードワークは嫌だ」
「しかし行きたい大学には現役で行く」

……好き放題言っているようだが、これらすべての要求を満たすことは可能で、そのためには**高校課程を学び終えた後、2年間の演習期間を確保すれば良い。その2年間を作るためには中2から高校数学**

に入れば良い。それは適正な準備をしさえすれば、むしろ自然な流れの中でこなして行くことができる。

中1における適正な準備　その1

前記に「適正な準備」という話が出て来たが、私が考えている内容は次の2点だ。1つは**代数的基礎を作ること**で、もう1つは**幾何の証明問題を通して試行錯誤する楽しさを知ること**だ。中学数学は代数、幾何、関数の3つの分野からできているが、関数については通り一遍の知識を身に付けておくだけで十分だ。高校数学の中で2次関数、三角関数、指数関数、対数関数、3次関数……と繰り返し関数を学んで行く中で自然に関数概念が膨らんで行くことだろう。ところが上の2つが練られていない場合は致命的だ。高校数学の講義を理解する上でいちいちつまずき、ついて行くのに困難を感じることになってしまう。とは言っても、高校数学に入った後苦戦する子、スムーズに行く子を見比べながら私が感じて来た感覚的な話になるので、これができれば大丈夫で、ここが分かっていなければダメだというようなことが言いにくい。うまく伝わるかどうか分からないが、1つだけ例を上げて説明してみよう。

「方程式 $3x - 4 = 5x + 2$ を解け」

という問題を解くとき、

$5x$ を移項して $3x - 4 - 5x = 2$

-4 を移項して $3x - 5x = 2 + 4$

両辺を計算して $-2x = 6$

両辺を -2 で割って $x = -3$

このように何段階にも区切らなければ答えが出ないというのではまずい。それから「x を含む項は左辺に、定数項は右辺に持っていくもの」と決めてしまっているのも感心しない。

両辺で x の係数を見れば左辺は 3 で右辺は 5 なので

「$3x$ を移項しよう。すると $2x = -6$ になるから $x = -3$ だな」

と考えてほしい。$3x$ と 2 を移項したところで $-6 = 2x$ となるが、これはノータイムで $2x = -6$ と頭の中で書き直される。この程度は暗算で一瞬に処理するべきものだ。ところが同じようでも

「不等式　$2 - \frac{x-1}{3} < \frac{3x+1}{2}$ を解け」

となると少し事情が違う。まず分数が含まれているし、$\frac{x-1}{3}$ は $\frac{x}{3}$ と $-\frac{1}{3}$ という2項から出来ているが、前に付いているマイナスがこのどちらにも掛かっているということをうっかりしたり、最後のところで不等号の向きを逆にしてしまったりとミスの原因となりそうなところがいくつかあ

るからだ。少し慣れて来ると「これも暗算で」と思いたくなるが、できる子は無理をしない……。「まず両辺に6をかけて12－2（x－1）＜3（3x＋1）ここでxの係数を見ると、左辺は－2で、右辺は9なので、xを含む項は右辺へ、他は左辺に移項しよう。すると11x＞11となるのでx＞1だな」となる。計算が**遅い**のはダメだが、ミスも絶対に避けなければならない。速度と正確さ、その辺のバランス感覚を磨いておくことが大切だ。

このような**数式の処理能力を高めた上で、日本語で書かれた文章を数式で表す能力・数式を用いて議論を展開する能力を鍛えておくことが代数的基礎を作ること**だと考えている。

余談

話のついでに板書をノートに写すのが**遅い**子のことについても書いておこう。中には書くこと自体が遅い子もいるが、極端にゆっくりしているというのでない限り、これは問題ない。問題なのは書き始めるタイミングが遅い子だ。もう次の話が始まっているのにまだ書いていたり、そうでなくても前の話のことを考えていたりするものだから、結局重要な内容を聞き逃してしまうことになる。長期的に見ると大きな損失で、このような子が伸びることはまずない。だから、できるだけ早い時機に改善を図る必要があるが、同じ遅いでもタイプ的に2、3に分かれるので順に見て行こう。まず几帳面タイプ。きれいに書こう、見易く書こうということで、何色ものペンを使い分けたり、アンダーラインを引いたり、枠でくくったり……一見工夫しているようだが、意識の持ち方がずれていて、いい傾向とは言えない。そういった作業は家に帰ってから、別のノートにまとめ直す際にやればよい。次はズボラタイプだ。「この話は分かっているから書かなくてよい」というふうに勝手に授業内容の重要度を判断するタイプだ。しかし分かっていると思っていた話が急に新しい内容に発展して行ったりしたとき、慌てて書き始めることになるが、後手に回っている感じは否めない。「とりあえずまず書く、その後判断する」とやってほしい。以上2つは意識次第で突然良くなるということがありうるが、もうひとつ集中力欠如型とでも呼ぶべきタイプがあり、これは相当に根が深く、簡単には行かない。何らかの成功体験を得るか、目標に目覚めるなどして、まずその方向に心が向かなければどうすることもできず、時間がかかることが予想される。

中1における適正な準備　その2

話題を元に戻そう。中2から高校数学に入るために、**代数的基礎を作る**ことと、**幾何の演習**が必要だということであった。前者については前記で触れたので、後者について考えてみることにしよう。言うまでもないが、数学は知っているかどうかを問う科目ではない。三平方の定理を知っていたから生活が便利になったとか、そのようなことを期待しているわけではないのだ。そうではなく、例えば困難な問題をいくつかの段階に分割して考える能力だとか、抽象的な内容を具体的な事例から推察する観点だとか、一見処理が難しい課題を別の方法に置き換えて考える力、複雑に絡み合った事象のなかから本質を見極め、論理的に説明する能力……、こういった潜在的な素養の有無を問おうとしているのだ。だから多くの文系の学部でも数学を入試科目の1つにしているわけで、そういった分野を伸ばす上で中学幾何は最適だと言うことができる。ということで、最低限のルールを覚えたなら、**少し難しい幾何の問題にチャレンジしてみる**のが良いだろう。「与えられた条件を使うにはどうしたらいいんだろう？　ここに補助線を引いてみたらどうなるだろう？……あっそうか！」こういった作業はパズル的でもあり、楽しいものだ。かつて私が中学生だった頃「もっと難しい問題はないのか!?」と本屋さんをハシゴしたことを思い出すが、そこまでマニアックにならなくても、この種のトレーニングをしておくと、それが次にステップアップする上で欠かせない土台になってくれることを感じることだろう。

準備は小学生のうちから

以上大学入試から遡って、中1でどんな準備をすべきかというところまで話を進めて来た。しかし、この話はまだ終わりではない。小学生のときに何をすべきかということを書かない限り完結しないのだ。28ページのところで、中学1年生の1年間で中学数学を全部やってしまうことについて「全く問題はない。むしろ自然だ。十分だ」などとさも容易であるかのように書いてしまったが、これはあくまである一定の条件を満たしている場合のことで、そうでない多くの中1生にとっては厳しいハードルだということを告白せざるを得ない。だから準備はさらに遡って小学生の間から……となる。

2つの道

実際、中1の1年間で中学数学がこなせる子の条件は次の2通りだ。1つは中学入試を経て、かなりのトレーニングを積んだ経験があることで、もうひとつは稲荷塾方式で小学生の間に一通りの中学数学に親しんでしまうことだ。もちろん現段階での主流は前者で、教育熱心な親が子供に少しでもいい教育を受けさせたい、少しでも有利な位置に行けるようにと考えると、ほぼ間違いなく「中学受験をさせてみようか」ということになる。場合によっては私立の小学校に通わせて、もっと幼いときからそのルートに乗せようとするケースもあり、それも決して少数派ではない。

中学受験の問題点

だが、中学入試のための塾通いにはいくつかの問題があることも否定することができない。順に考えて行こうと思うが、まず最初に目に付くのは何と言っても異常に長い拘束時間だ。これを書くに先立ち稲荷塾塾生に小学6年生のときに通っていた塾についてアンケートをとってみたので、その結果を見てみよう。まず、週に通う回数はアンケートに答えてくれた27人の平均で5・7回。4回の子が1人、7回の子が2人、それ以外は5回または6回と答えているが、平均を見る限り、週6回通うのが一番多いパターンだと言えるだろう。次に授業時間だが、最も短いのが週13・5時間、最も長いのは何と週40時間だった。週に5、6回通っていた子で平均をとると27・9時間だ。これを1日単位で見ると、2時間、3時間の子もいるが、基本は平日で4時間、土曜日は平均で8・3時間だった。もうひとつ平日の授業終了時刻は8時台が3人、10時台も3人、他は9時台で、平均すると9時24分となったが、9時と答えた子が5つの塾に渡り11人で最も多く、これがひとつの目安になりそうだ。結局、**平日は1日4時間授業で、週4回通塾し、それに加えて土曜日はほぼ例外なく塾があり、6時間から13時間を塾で過ごす、さらに日曜日は模擬テストがあったり、補習授業が組まれたりで、後半になればなる程塾に行くことが多くなる。**大雑把にまとめると中学入試を目指す平均的な小学6年生は上記のような生活をしていることになると思われる。

確かにどんな分野にも1つのことに打ち込んでいる一握りのグループがあり、上記の内容に通じる生活をしている。そしてそういう子がトップに立って行くのだが、自主的に道を求めてそのようになったのか、塾のシステムがこれこれだからそれに従ったというのとでは大きな違いがあるだろう。私には無理があり過ぎると思えてならない。そして、親までが子供の成績に一喜一憂するようになると悲劇的だ。特に目指した学校に届かなかった子の家庭は悲惨で、太平洋戦争末期の日本のような雰囲気になっている家を私は数多く見て来た。それから今一つ、どうしても納得できないことがある。スポーツ少年が受験を理由に1年または2年、競技から離れることだ。5年生の後半まで何とか続けたが、塾の先生に「まだやってんの?!」と言われ、やめることにしたという話を聞いたこともある。どうも中学入試の世界では、スポーツと勉強を同時進行するのは無理という考え方が当然となっているようだ。特に野球やサッカーのような団体競技では、6年生が中心メンバーとなり、日曜日ごとに試合が組まれたりするのに、模擬テストと重なってしまえば、両立するのが難しい。結果としてスポーツを犠牲にすることになるのだが、これはあまりに大きい痛手だ。もちろん何かに一所懸命になれば、多くのことを犠牲にしなければならないが、子供の成長を考える上で、絶対に譲れない一線というものがある筈だ。

中学入試のための塾の問題点として拘束時間が長いことと、それに伴う価値観の歪みについて書いて来た。少し長くなり過ぎた嫌いがあるが、もう1点だけ付け加えておこう。費用についてだ。つい先日の懇談で聞いた内容だが、週4回通う場合で、講習、模試等の分も含めて年間70万円かかるそうである。月に直すと約6万円になるが、先程週6回が主流だと書いたことからも分かるように、これは決して多い方ではない。月平均で10万円を越えたという話もかなりあり、それも例外とは言えなさそうだ。子供が2人、3人……だった場合はと考えると気が遠くなりそうだ。

稲荷塾方式

さて、中2から高校数学に入るための方法が2つあると書いたが、中学入試によらないもう一つのやり方、稲荷塾方式に話題を移そう。これははっきり言って画期的な方法だ。まず何よりかける**時間が短い**。6年生から始めるのであれば、週2回、1時間ずつで2時間ほしいが、5年生、あるいはそれ以前から準備をスタートすれば、**週1回、1時間で十分こなすことができる**。仮に週1回、1時間が必要だとして計算すると、中学入試のための塾の平均の約30分の1だ。宿題もない。当然かかる費用も問題にならないぐらいに低い。しかも、ここが重要なところだが、その後高校数学に入るための土台を作るという意味での効果は、トップクラスの有名中学に合格した子に対して全く遜色はない。信じられないかも知れないが、事実だ。敢えて稲荷塾方式のビハインドを述べるとすれば、計算スピードぐらいだ。灘の子などは鍛え上げられていて、その計算力は半端ではない。とにかく速い。それには太刀打ちできそうもないが、中学数学、高校数学と学びが進んで行くうちに、純粋な計算能力自体はそれほど大きなウエートを占めなくなるので、気にするほどのことではない。もちろん、この比較はもともとの資質が大体似たようなものだろうと思われる子について行っているわけで、「誰でも稲荷塾に来れば超トップレベルに到達できる」と言っているわけではない。だが、死に物狂いで中学受験をしたのと、週1回、1時間の授業を受けたことが同じ効果を生むとしたら、これは奇跡的と言ってもいいのではないだろうか。さらに、学習時間やその密度は小学生から中学生、高校生へと進む中で徐々に上げて行くのが自然であることを考えると、生徒のモチベーションを維持し、高めて行くために、むしろ有利であるとさえ言うことができる。と言うのは、中学受験を経た場合、それまでがあまりに大変だったがために、その緊張レベルは必ず落ちることになり、次にどこでどのように上げればいいのかで悩むことになるのだ。中にはそのまま下がり続け、気が付けば手の打ちようがなくなってしまったというようなケースもあるぐらいだ。その点稲荷塾では小学生の間は勉強もするけれども、沢山遊び、スポーツやその他さまざまな経験をすることが大切と考え、それが可能なカリキュラムを組んでいるので、学習に対する意識は年齢と共に少しずつ上げて行くことになるのだ。

　では、具体的な取り組みと考え方について書くことにしよう。まず目標を確認すると、**小学生の間に中学数学で出て来る新しい知識を身に付け、新しい概念に慣れ、基本技術を習得する**ことだ。このこと自体非常に斬新で、しかもそれが週1回、1時間の学習でできてしまうなどとは想像もできないのではないだろうか。しかし実際は、公立小学校でトップ10％程度に入っている子ならば、あっけない程に簡単にできてしまう。ある程度理解が良い子ならば、学校のペースは遅すぎて、くどいと感じている筈だ。それならば思いっ切りスピードアップして、眠っている能力を目覚めさせてほしい。どんどんと新しい内容に触れ、学習の楽しさを味わってほしい。煩わしい計算ドリルは必要最低限に済ませ、速く進むことを是とする。計算力がないと何をするにも支障があるが、ドリルのためのドリルはあまり楽しくないからだ。ミスなく処理できれば、少々下手くそでも問題はない。前後関係で理解に混乱が生じたら前に戻って復習をする。2度、3度やれば、大概は飲み込んで行くことができる。決して難しい問題はやらない。難しい問題は、ある程度の全体像が見えた後取り組めばよい。複雑で長い文章問題ができたということより、視野が広がり、新しい観点を身につけたという達成感を大切にしたいのだ。概ねこのような方針で、個々の進度、個々の理解に合わせるために、授業は個別指導方式で行う。……するとほぼ自動的に上記目標を達成してしまうことになるのだ。早く到達し過ぎて困ることもあるぐらいだ。実際、6年生になるかならないかの頃に中3の内容まで終わってしまって、中1生用のテキストに入るべきか、高校の入試問題等をやりながら間を持たせるべきかで悩ませられた子もいた。

ところで、先に「公立小学校でトップ10%程度に入っている子ならば……」と書いたことについて触れておこう。大体このぐらいの子であれば、この章で主張している理論通りの成長をすることだろう。10%が20%、30%になっても、その後伸びて来る可能性があるし、そうでなくても「算数が得意になった」「自信が持てるようになった」などの効果が期待でき、何よりも中学校に入ってからが楽になることだろう。しかし、このカリキュラムが最も効力を発揮し「中2から高校数学」のコースに無理なく進んで行けるとすれば、ある程度その対象は絞られて来ざるを得ない。かなり狭き門だと思う方もあるだろうが、そんなことは全然ない。もともと東大、京大に入るためには上位何%ぐらいに位置しているべきかということと比較してみれば「上位10%」が大通りに見えて来ることだろう。……まず、東大、京大の定員が2校合わせて理系だけでも3500人以上で、同程度の学力を要する国公立大学医学部が各都道府県に最低1校あり、各校の定員を100人としてこれを加えると、理系受験生中８０００位ぐらいに入っていれば東大、京大の理系学部に受かるということになる。文系も含めて考え、今仮りに上位１万位以内を東大、京大レベルとしておこう。これは上位何％に相当するのだろう。おおよその見積もりをするとして、日本の人口を平均寿命の80で割ってみると、大体一学年１５０万人になる。ということは、東大、京大レベルは、上位０・７％以内、つまり１５０人中１位ぐらいのレベルだということになる。だから、上位10％以内の子は普通に東大、京大に合格できると主張したとするならば、その門戸を約14倍に拡大したことになるのだ。もう少し具体的に書いてみよう。**ここに40人クラスが２クラスの小学校があるとしよう。通常であればこの学校から大体２年に１人の卒業生が東大、京大に合格することになる。ところが稲荷塾のシステムを用いれば、毎年８人程度の卒業生が東大、京大に進学することになる**と言っているのだ。

目下のところ、稲荷塾方式のカリキュラムが非常に優秀であると確信して止まないのは、全国でも私だけかもしれない。このやり方で育って来た子が初めて大学受験するのは２年後だし、実績で示すことができるのは当分先のことになるだろう。ましてや「俺は学校を作るぞ！」の章で叫んでいるように学校という形になるには、まだまだ遠い道のりを行かなければならないことだろう。しかし、何故か私には必ず勝つという楽観的展望しか見えて来ない。それだけの内容があると思うからだが、同時にこれを読んで、考え方に共鳴する方々、応援してくれる方々が沢山現れて来れば、目標達成も近くなると思うので、協力をお願いする次第である。

画期的カリキュラムのまとめ

①　公立中学校から一般の公立高校に進んだ場合

理系科目は一通りの学習を終えた後、演習をすることにより、理解が深まり、他の分野とのつながりも分かってくる。だから演習をするということが非常に大切で、それをして初めて、自力で入試問題が解けるようになる。そういう意味で、高3になってから、まだ新しい知識を身に付けて行かなければならないやり方、演習時間を確保できないシステムでは、東大、京大に現役合格することは、まず無理ということになる。

②　公立中学校から進学校と呼ばれる高校に進んだ場合

高校数学を学び始めて、多くの生徒は「随分と覚える量が増えたな」「難しくなったな」……と負担が増えたことを感じる。もちろん生徒の成長段階における消化能力との兼ね合いがあるので、中学数学と高校数学が生徒に与える負担を単純に比較することは難しいが、覚えるべき知識の量を比べてみると、どんなに少なく見積もっても高校数学は中学数学の5倍はある。だから双方の学習に3年ずつを費やしたとしても、高校生の当事者からすると、大変になったと感じて当然だ。ましてや高校数学を一通り学ぶための期間を縮めるとなると、縮めれば縮めるほど状況は厳しくなる。実情を見ると、左図の㋑の高3の秋頃までに数ⅢCが終了するタイプが主流だが、㋺のように高3

さまざまなカリキュラム（その特徴と欠点）及び稲荷塾方式

	①	②	③	④	⑤
	公立中学から公立高校へ進学した場合	公立中学から進学校の高校へ進学した場合	中学入試を経て中高一貫校へ進学した場合	中学入試を経て灘中へ進学した場合	稲荷塾小学部から始めた場合（公立中学・高校）
小学	未学習		中学入試のための勉強		中学数学の基礎
中1	中学数学	中学数学	中学数学	中学数学	中学数学
中2				数ⅠA	数ⅠA
中3			数ⅠA	数ⅡB	数ⅡB
高1	数ⅠA	数ⅠA 数ⅡB 数ⅢC 演習 数ⅠA 数ⅡB 数ⅢC 演習 数ⅠA 数ⅡB 数ⅢC 演習	数ⅡB	数ⅢC	数ⅢC
高2	数ⅡB		数ⅢC	演習	演習
高3	数ⅢC		演習		

の1学期の終わりと数ⅢCの終了が同じになるようにしているところもあり、中には㋩のように高3になるまでにⅢCが終わるようにカリキュラムを組んでいるところもある。

確かなノウハウがあってそのようにするのであればいいのだが、そうは見えないケースも多い。多くの進学校がしていることは、まず拘束時間を増やすことだ。毎日7時間授業であるとか、土曜日にも授業が組まれる。次にとんでもない宿題の量だ。さらに運動系クラブへの参加を禁止しているようなところさえある。このようなことをしてしまうと、楽しい筈の高校生活にさまざまな歪みが生じることになってしまう。

③　中学受験をして中高一貫校に進んだ場合

①、②よりは、はるかに良いシステムだと言える。高校課程を一通り学び終えた後、1年間を演習の為に使うことができるので、知識、技術を完成させ、東大、京大レベルの問題にも対応する力を研くことができる。学校内で上位をキープすれば、東大、京大の一般学部に合格できるだろうと期待することができる。

欠点は中学受験を経なければならないということだ。

④　灘中に合格した場合

③のところで、1年間の演習により、東大、京大の一般学部に受かるだけの実力をつけることが

可能だと書いたが、さらにそこから、東大理Ⅲ、京大医学部に合格できるレベルに達するまでに、通常1年はかかる。ということは、逆算して高1終了時に高校課程を一通り終えておかなければ、東大理Ⅲ、京大医学部に現役で行くのは難しいということになる。

そういう意味で、2年間の演習期間を設けている灘のみが理想のカリキュラムを実現していることになるが、欠点は、言うまでもなく灘中に入ることが難しいということだ。

⑤ 稲荷塾小学部で中学数学を学んだ場合

上記で灘のカリキュラムは理想的だと書いたが、これを見ると中1の1年間で中学数学を終えるようになっている。量的な面で言えば、中学数学全部を合わせても高校数学のうちの数ⅠAより少ないので、その点では何の問題もない。しかし、具体的な課題のみを扱う算数に対して、中学数学では抽象的、一般的な内容に入って行くので、その質的な変化に対応するのに、どの程度の時間がかかるのか、ということが心配になる。実際的には、灘中に受かるほどに中学入試を通して鍛え上げられた子は、瞬時に対応し、1年もあれば十分に中学数学全てをこなしてしまうが、そのような特殊な訓練を受けていない子にとって、1年間で中学数学をやってしまうのは、かなり高いハードルだと言わざるを得ない。

ところが、稲荷塾方式という全く別の発想がこれを可能にした。そもそも、中学入試は灘中を目指すということでなくても相当に大変で、中学受験のための大手の塾がしていることを見ると「これを小学生に要求するのか⁉」と目を疑いたくなるほどの授業時間数になっている。当然、かかる費用も半端ではない。これが子供の将来を拓く唯一の道だと言うのであれば、目をつぶって従うしかないが、ここに画期的な方法があった。**稲荷塾方式で小学生の間に中学数学を一通り学んでしまえば、中1の1年間で中学数学を掘り下げ、高校数学に入って行くための準備を整えることができる。**

これは次の2点で画期的であると言える。1つは**中学入試を経る方法に比べて、圧倒的に負担が軽い**ということだ。6年生から通塾を始めるのであれば、1回1時間授業で週2回通うのが望ましいと言えるが、5年生以下から取り組みを開始すれば、週1回1時間授業で十分に目標を達成することができる。もう1点は、ここが重要なところだが、**算数から数学への変化に適応する力をつけるという意味での効果が抜群だ。**ほぼ同様の資質を持っていると思われる子で比較すると、稲荷塾小学部で学んで来た子は相当トップの中学に合格した子に対して（つまり、相当の受験勉強を積んで来た子に対して）、中学数学を飲み込んで行く力、その後高校数学に対応して行く力において、全く遜色がない。

2　俺は学校を作るぞ！

どうしてテニスはお金にならないのだろう？　テニス人口は野球やサッカーのそれと比べて断然多いのに、テレビ放送さえされることは少ない。全日本のタイトルをとるなどと言えばとてつもなく凄いことなのに、その賞金が２２５万円だと聞いたときには正直言って驚きを通り越してあきれてしまった。将棋だって７大タイトルのうちの一つをとるだけで数千万円が動くし、野球に到っては、ちょっと高校野球で騒がれてプロに入ることになれば、契約金だけで１億円を越えることもあるというのに一体何故テニスはこんなふうなんだろう？

ある人は、それは文化の問題だと言う。

「野球は日本人の生活に染み込んでいて、自分がやるかやらないかに関わりなく皆が関心を持っている。特別なんだ。テレビ放送されないのはテニスだけじゃないぞ。ハンドボールでも、剣道でも、テレビでしょっちゅうやっていると思うか？」

う〜ん、確かにそうかも知れない。しかし、ハンドボールと比較されるのではちょっとつらい。第一メジャー度が違う……。ただ、テレビに関してはやっている人口ではなく、観て楽しいと感じる人口の方が大切なのは事実かも知れない。K-1なんか、ほとんどの人がやっていないのに観るスポーツとしては人気が高い。その点では、テニスの試合をテレビで観戦した場合、はっきり言って単調だ。カメラは大概コートの斜め上方にセットされていて、ボールが行ったり来たりするのを写しているだけだ。ナダルのショットがどう凄いのか、どうして打つコースが読めないのか、どこでグリップチェンジしてドロップショットを打ったのか、等々ワンプレーをいくらでもエキサイティングに伝える方法があるだろうに、それをしていない。これではテニスをやっていない人どころか、熱心に取り組んでいる人でさえ退屈してしまう。結局、番組の制作に携わる人の努力不足、これが一つ大きな原因と考えられるのだがどうだろう？

ところがこのような話をすると「マラソンはどうなんだ？」という声が聞こえてくる。冬、日曜日になると、毎週のようにマラソンか駅伝が放映されているが、外国人にはこれが全く理解できないそうだ。「いつ見ても同じ画面じゃないか、どこがおもしろいんだ？」私もこれには全く同感だ。しかし、いくら番組制作者が特別な努力をしているとは思われなくても、この種の放送がストップされることはない。これが「文化」の力なのだろうか？　いや、そうではなく、マラソンは日本人が実績を出している数少ないスポーツの一つであるだけに、多くの人にとってその単調な画面がおもしろいのだ。実は私の親父もこの手の番組の大ファンで、「この選手はどこそこ高校出身で、過去の成績はどうのこうの……」といった感じで、何から何まで知り尽くしている。全くうらやましい話だ……。どうしたらテニスがこのように愛されるスポーツになるのか……？　番組制作者に頑張ってもらうだけではどうもだめのようだ……。なんだかんだと言っても、皆愛国心を持っていて、日本の選手に活躍してほしいと願っているわけで、そう考えると、実績が必要なんだなあということが分かってくる。詰まるところ、伊達公子のようなスター選手が出て来て、世界の強豪をバッタバッタと倒すしかないのではないか⁉（２００８年には37歳で伊達公子が現役復帰し、全日本のタイトルをとった。また錦織圭というスーパースターが誕生し、その結果テニスの話題がメディアに登場する回数が劇的に増えた。ひょっとして俺って預言者？）

ところで、どうして日本のテニスプレーヤーは活躍しないのだろうか。よく言われるのは体格差だ。確かにこれは小さな問題ではないが、例外も沢山ある。女子選手で言えば、ベルギーのエナンは１６７㎝だけど、１８０㎝台の選手を押さえて世界№１だ。男子ならば、アルゼンチンのコリアは凄い。彼は１７５㎝だけど、もう何年もトップ10をキープしている。逆に１９０㎝ほどもあった松岡修造はウインブルドンでベスト8に入ったものの、他には大した活躍もできなかった（多少の異議があるかも知れないが……）。要するに平均で議論してはダメだということだ。次にメンタルが弱いという話だが、これこそ例外だらけだろう。イチローなんて、どう見てもメンタル強過ぎだ。このようにほとんどのマイナス的条件は、見方一つ、取り組み方一つでどうとでもなることのように思われる。

だけど、最近気になる話が目に飛び込んで来た。増田健太郎さんのブログに、海外では昼過ぎから練習に入るとある。「仮に同じ時間の練習が出来たとしても、４時まで学校に拘束され、夕方から練習を始めるのでは長い目で見て疲労の蓄積がまるで違う」と結んである。ここで言う海外とはスペインのことかもしれないが、アメリカのテニスアカデミーに通う子供達も午前中で学校を終え、午後は練習、トレーニングに充てていた（私と娘は２００３年にロサンジェルス近くのワイルテニスアカデミーのキャンプに8日間参加したことがある）ので、本気でテニスに打ち込む子はみんなこのような生活サイクルでやっていると言って間違いないだろう。それがいいかどうかは健太郎さんのブログを読むまでは考えたこともなかったが、私は全く別の視点で日本の小中学校の授業時間数は多過ぎるとかねてから感じるものがあった。特に算数、数学に限って言うと、小学過程、中学課程を学ぶのに必要なコマ数は現行の3分の1もあれば十分というのが私の持論だ。概ねある程度理解の良い子に焦点を当てた見方だが、特別に賢い子についての話をしているわけではない。実際、稲荷塾にはいろんなレベルの子が通っているが、週2時間の授業で、全員が1年間で3学年分以上の学習をこなしている。要はやり方一つなのだ。しかし、公教育は失敗や問題の発生を極端に嫌う傾向があり、その結果、ことなかれ主義に陥ることが多く、大胆な改革を取り入れることは難しい。そもそも、一人の小さな意見で全体が変わるようなものではないだろうし、自分の力の及ぶところではないと思って来た。だから、「塾」の中で実験をし、いろんな可能性を追求して行こうとして来たのだが、増田プロが言うように、「学校」がアスリートの可能性を狭めているとすれば、「このままでいいのか？」と、いてもたってもいられない気分にさせられるのだ。

今、S君は中3だが（２００６年7月）学校には通っていないらしい。そして朝からテニスの練習に励んでいるのだが、このようなやり方を応援する声と同時に「ものにならなかったらどうするつもりだ？」と疑問視する人達もいる。ましてや「掛け算までは何とかできるらしい」などという噂を聞くと、多少の危うさを感じないわけにはいかない。しかし、このような話は何も特別なことではない。私の友人で将棋プロ九段のＦ君も中学校には通っていなかったし、私自身も将棋のプロを目指して修行した高校生のとき、学校が煩わしくてしかたがなかった。一つのことに真剣になれば、それにマイナスとなりそうな要素は全部切ってしまいたいという若者特有の感覚はむしろ自然のことのように見える。問題は、そういった子が浮いてしまうと言うか、そういう子を受け入れないという柔軟性に欠けた社会の体質にあるのではないかという気がする。ちっぽけな島国根性を捨てて、多様性を認めて行く努力をすべきだ。それと共に、「ちょっと変わってるなあ」という子が活かされるような環境が絶対に必要だ。拘束せず、しかし伸びようとする子の要求にはどこまでも応える……テニスのことに始まっていろいろなことを書いて来たが、ここで私は自らの夢と決意を宣言することにする。

「俺は学校を作るぞ！」

3　チェビシェフの不等式

これまで、カリキュラムのことについて熱意を込めて書いて来た。中学入試の問題点や、大学進学の実績に異常にこだわる高校についても批判的に触れて来た。しかし、何故そこまでこのような話題を取り上げるかと言えば、『京都の特殊性』の説明抜きに語ることができない。これは歴史的な問題で、非常に難しい内容を含んでいるが、私自身の経験も踏まえ、考えてみることにしたい。

60年ほど前、京都には紫野、洛北といった優秀な公立高校があり、一校で2桁の京大合格者を出していたらしい。ところが、１９５０年ごろ蜷川さんという共産党の方が府知事になり、小学区制を敷くことになった。各々の地区により、受験できる公立高校を１つにし、無駄な競争をなくせば、みんな幸せになれると考えたのだ。その結果がどうなったかはご存知の通りで、以来28年間続いた蜷川府政の下で京都の教育はどん底まで落ち、京都府下の公立高校全てを合わせても、京大に合格できる生徒はまるで2桁に届かなくなってしまった。

恐らく蜷川さんはチェビシェフの不等式を知らなかったのだろう。読者の多くも初めて耳にする言葉ではないかと思うので、少しだけ説明しておこう。たとえば、1、2、3、4の4つの数字を2数ずつの2組に分け、それぞれの組の2数の積を作り、できた2つの積の和を考えると、

$$1\times2+3\times4 > 1\times3+2\times4 > 1\times4+2\times3$$

となる。これを見ると「大きいもの同士、小さいもの同士」のように組み合わせると全体の和が大きくなり、「大きいものと小さいもの」のようにバランスを重視する形にすると全体の和が小さくなっているが、この話は一般に成立する。チェビシェフの不等式自体の一般型は、

$$a_1 \geqq a_2 \geqq \cdots \geqq a_n,\ b_1 \geqq b_2 \geqq \cdots \geqq b_n$$

のとき

$$\frac{a_1b_1+a_2b_2+\cdots+a_nb_n}{n} \geqq \frac{a_1+a_2+\cdots+a_n}{n}\cdot\frac{b_1+b_2+\cdots+b_n}{n} \geqq \frac{a_1b_n+a_2b_{n-1}+\cdots+a_nb_1}{n}$$

だ。要するに「できる子もできない子も一緒」じゃ、全体のレベルが下がり、それぞれの特性、方向性に合わせて分類すれば総和が上がるという、極当たり前の話の数学版がこの不等式だと言うことができるだろう。

さて、1978年と言えば、私が府立高校を卒業した年だが、その年の選挙で府知事が交代し、

それから今日までの約30年間は、改革に次ぐ改革だった。まず、日教組中心の教育を教育委員会主導にすること自体が大仕事だった。1982年、私は母を亡くしたが、父からすれば、妻に先立たれ、文字通り「男鰥夫《おとこやもめ》に蛆《うじ》が湧く」で、米櫃《こめびつ》に極道虫が発生した。2人で庭に新聞紙を引き、そこに米を広げて、虫を選り分け、天日に干してから米入れにしまったが、再び虫が発生したときには、変な臭いがして、結局全部捨てることになった。父は精神的に相当に追い詰められていたが、仕事の上でも大変だった。当時、小学校の校長をしていたが、改革に抵抗する旧勢力により、日々団体交渉を受けていた。帰宅は10時を回ることも多かった。多くの校長が定年前に退職したそうだが、頑固親父は一歩も譲らず闘い抜いたらしい。究めて過酷な時期だったが、ひとつ良かったのは、このとき初めて父子が腹を割って話をすることができたということだろうか。

少し話が逸れたが、ついでにもうひとつ余談をしておこう。前に書いたようなこともあって、日教組という言葉を聞くと、その思想がどうのこうのと言う以前に、人間としての道を誤った者達として反感を禁じ得ない。しかし、このような負のイメージはこのときに作られたものではなかった。話は遡り、私がまだ小学校の低学年だった頃、両親は日教組から脱退した。「組合活動に熱心な者ほど、権利の主張が激しく、そして仕事ができない」というのがその理由だった。その頃京都では、教員はほぼ100％日教組に入っていた。それが当然とされる中での離反は、ある意味勇気ある行動だと言えた。だが、その直後から連日電話が掛かって来るようになり、長い問答に父、母がうんざりしているのは子供の目から見ても明らかだった。そのうち、数人のグループが何度も家に押し掛けて来て、大声でまくし立てるようになった。母親がかなり怖がっているのが幼い私にも伝わって来た。もちろん話の内容が分かる筈もなかったが、この「団体の暴力」を許してはならないことだけは、自明の事実として心の記憶に留めることになった。

話を元に戻そう。このような一連の波が収まった後、小学区制が中学区制に変更になり、4つ、5つの高校から進学先が選べるようになったり、Ⅰ類、Ⅱ類の区別を作り、成績別のクラス分けにしようとしたり、堀川、嵯峨野といった府下選抜の高校を作ったり……と実に多くの改善への試みがなされるようになった。しかし、そのほとんどが期待された効果を上げることができなかった。潰すのは簡単だけれど、築き上げるのは容易ではないということだろう。そして今、堀川が初めて実績らしいものを少し上げ始めているが、これはこれで、功を急ぐあまりのヒステリー症状のように見えなくもない。いずれにせよ、「公立中学から公立高校へ進む道は危険だ」という認識は、京都人にとっては無意識のうちに定着した常識のようなもので、子供の将来を考えるのであれば、多少の無理があっても、中学受験をさせるのが公式となっているのだ。それに加えて、地元の公立中学校が荒れていたり、「校舎は汚く、勉強するような雰囲気ではない」といったような話を聞くことが多くなると、「とりあえず中学受験をさせて、学習環境を変えよう」と保護者が考えるのは自然のことのように思えて来る。それでなくても、髪の毛を染め、それを長いピンで留め、腰パンにし、花柄のパンツを見せながら、だらだら歩いている男の子を見ると「バカモン！」と一喝したくなるのは私だけではないだろう。

だから、公立中学、公立高校、それにカリキュラム、こういった話題は、京都に住んでいれば、それだけで身近なものになるわけだが、とりわけ私の場合、娘が今年（２００９年）公立高校に入学し、息子が公立中学に入り、その上自分自身は塾をやっているとなると、避けて通ることができないものになるのだ。そういう意味で、今まで書いて来たことは、私が悩み、そして考えて来た軌跡だと言うことができる。その多くは娘が小学校の高学年になる頃から考え始めた内容で、「どこの中学に行かせればいいのだろう？」「そしてその後は？」といったようなことが出発点になっている。娘が中学生になる頃には、大筋で今の考え方に到達していたが、彼女が中１のとき、「購買部のところに中３の男子がたむろしていると、怖くてパンが買えない」といったことをこぼしたことがある。流石にそのときばかりは判断を誤ったかなと、弱気になりかけたこともあった。しかし、これは勝負だ。「優秀な子ほど公立中学に行くという流れを作りたい」と訴えながら、自分の子は私立に行かせましたというのであれば、お話にならない。確かに現時点の京都の公立中学は学習環境として見れば、お世辞にも良いとは言えない。しかし、通学に時間がかからず、宿題もなく（娘の通う中学だけかもしれない）、自分の時間を沢山持つことができるというメリットもある。要するに充実した生活ができるかどうかは、本人の自覚によるところが大きいので、子供達には自らの道を切り拓いて行ってほしいと願うし、親も子供を無菌培養しようと考えるのではなく、どんな環境でも、子供が自分を保てるように助けて行こうと考えるようになってほしいと願っている。

Ⅱ章　ノウハウのヒミツ

1　3ヶ月で偏差値10ポイントアップのための勉強法？

２００４年の春、広告代理店の勧めで『3ヶ月で偏差値10ポイントアップのための勉強法』という小冊子を作った。勿論これはチラシのインパクトを高めるための戦略の一つで、即効性のあるノウハウ集を作るようにということだった。しかし、正直言って私自身はそのような方法論があまり好きではない。確かに、そこから何かのヒントを得て一時的な効果が生じるかも知れない。だが、それが習慣となり、自然に、そして継続的に実行できるようにならなければ本物ではないと思うのだ。テニスで例えて言うならば、ある一つのショットを覚えて目の前の敵を倒したとしても、それだけで上に行ける訳ではないということだ。技術を支えるフットワーク、さらにその根底に筋力、柔軟性、持久力……これらは全て一朝一夕に成されないものばかりだが、ここに本質があり、それに焦点を当てなければ恒久的進歩を望むことはできない。

ということで、タイトル自体は私の意図するものではないのだが、この作業を通して自分自身の考えが整理されたし、普段話していることを文書の形にしておくことにも意味を感じたので、楽しい仕事だったと言える。まずは同小冊子の内容を紹介する。

復習ノートの勧め

1992年春、高3のクラスに三木という大男が入ってきた。

「僕はクラブばかりやって来ましたから今の成績は悪いですが、これから頑張ります！」

志望校は阪大だと言うが、とても1年で届くとは思われない状態だった。しかし妙に愛嬌があってガッツもありそうだから、私は「頑張れよ」と言うしかなかった。しばらくして授業が始まると、こいつが体をゆすりながら爪をかむ癖をもっていて、加えて大柄だから目立つと言えばこの上なかった。ある時、私は彼のノートの取り方が変なのに気付いた。顔を前に向けたまま字を書き続けているのだ。近付いてみると何が書いてあるのか全く分からないようなぐちゃぐちゃのノートを発見した。「そらあかんやろ」の声に、やつはにんまり笑って『復習ノート』を取り出したのだった。それは、ぐちゃぐちゃの板書用ノートの中から彼にとって必要なことだけを抽出して整理した内容になっていた。

その後、三木の成績はどんどん伸び、夏ごろには「阪大じゃもったいないやろ」という段階に入るようになった。さらにその成長は止まることなく、結局京大の工学部機械学科に出願することになった。当時の工学部はたくさんの小さな学科の集合体で、例えば今の物理工は航空、機械、金属、材料などを統合して出来上がったものだ。工学部の中では航空が最も難しく、京大の名前だけが欲しい者は大概「石油」に出願した。石油は、競争率はいつもトップで、合格最低点は決まって一番下という学科だったが、機械は人気が高い方で第2グループの1つとなっていた。
2月の初め、ある友達が三木に尋ねた。「お前、後期はどこに出したん？」三木答えて曰く「まだ分からへん、多分、金属にすると思うけど……」ちょうど私もその場に居たのだが、三木が何を言っているのか全く理解することが出来なかった。聞いた友達も「どういうこと？」とけげんな表情。三木は、前期と後期を同時に出願しなければならないことを知らなかったのだ。（2007年から京大は前期のみ、1回の受験機会となったが、それまでは2回の受験チャンスがあった）
これは、結果の話になるが、この年「機械」が高騰し、「航空」をはるかに超えて合格最低点は680点を突破した。最近の工学部の最低点はずっと500点台で（2009年は400点台前半だった）、680点を取って落ちる可能性があるということをなかなか信じてもらえないようになったが、そのぐらいこの年の機械は難しかったのだ。そこに一発勝負で挑んだ三木は、前期が終わってすることがなく「先に滑って来ます」とスキーに出かけた。受験当日も河原町から京大まで走って行ったというこの体力のあり余ったファイターは見事合格した。

1つの問題を3回やろう！

愛ちゃんには哲宏という弟がいた。弟はとにかく優秀でどこを受けても受かるレベルにいた。私は手頃なところで府立医大か東大の理Iを勧めたが、彼は頑として阪大の歯学部に行くと言って譲ならなかった。高1の頃、彼は医学部に行きたいと言っていたのにどこかで変って行ったのだ。「僕が医学部と言ったらお姉ちゃんの行く所がなくなる」彼がポツリと言った。この一言、私は真に受けなかったがひょっとしたら本心だったのかも知れない。

ところで愛ちゃん、お世辞にも優秀とは言えないこの頑固者は医学部一直線だった。浪人してから稲荷塾に来て、1年目は、うまくすれば行けるかなというところまで来たがやはりだめだった。2浪目は受かるだけの力をつけたがセンターでしくじってだめ。私は福井医科大（現福井大学医学部）ならば入れると見て強く勧めたが、家から通えるところじゃないとだめだと言い張って滋賀医科大と勝負、結果飛ばされたのだ。そして、3回目のトライは弟と一緒に受験ということになった。哲宏の気持ちも複雑だったのかも知れない。

3年目の愛ちゃんはすごかった。はっきり言って教える事が無いぐらいにすべての技術をマスターしていた。8月の京大実戦模試では数学で200点満点をとり、京大医学部A判定だった。センターも勝った。もうよりどりみどりの状況だった。この頃には、家から通える所かどうかなどということは気にしないと言っていたので、名古屋か金沢か、力が反映しやすい総合大学がいいだろうと私は思った。しかし、愛ちゃんが選択したのは福井だった。

「どうして？　そこは俺が去年あれ程勧めたのに、嫌がったじゃないか！」

「自分を知りました。」

「……」

彼女の勉強法に触れておこう。自分でできなかった問題について、大学ノート見開き2ページで、問題、解答、重要事項の整理、どうして解けなかったのかを分析したものを作る。こうしてストックした問題を夏にまとめてザーとやる、そこで、出来なかったものを最重要問題としてさらに選別しておいて直前にもう一度やる。うーん、完璧な学習法だ。ちなみにこの姉弟が合格したことは言うまでも無いだろう。

忘れない英単語の覚え方

私が受験勉強をしている時、実に面白い英語の先生がいた。ほとんど座ったままで授業をし、重要な単語が出てくると「これのsynonym（同意語）はね……」とか言いながら、手の届く範囲で5～10個の単語を黒板に書き、それぞれのニュアンスの違いを説明するといった具合だった。話も面白かったが、辞書数冊分の単語力を持っているという圧倒的知識の量には驚くばかりだった。この先生が教えてくれた単語の覚え方を紹介しよう。

大学ノートを準備する。知らない単語に出会ったら、意味を調べた上でその単語を含む一文をノートの一行に書く。日本語は書かない。この作業を続けて行くと大学ノートの行はどんどん埋まって行くが、大切なことはこれを繰り返し読むということだ。朝起きて読む。「あと5分～」などと言ってないでさっさと起きてやる。学校の行き帰りで読む。トイレに座ったら読む。「今日は疲れた、もう寝よう」と思ってから読む。1日4、5回読んで3日も続ければ特に覚えようと思っていなくても勝手に覚えてしまう。しかも、この方法でインプットした単語はそう簡単に忘れない。

私の経験では、行が増えるスピードともう完璧だと思って行を消すスピードが一致し、あるところから1回に読む量が2、3ページで安定し始める。これにかかる時間が約10分から15分ぐらいになるが、細切れの時間を使っているだけなので単語に時間をかけているという意識はほとんどない、そして気が付けば恐ろしいほどの単語力が身に付いているのだ。実際、1日30語ずつのペースで覚えたとしても3ヶ月もすれば、3000語ぐらいが今の知識に上乗せされる事になる。こうなるともうマニアみたいなもので何でもかんでも覚えたい単語はこのノートに書き加えて行ったのを覚えている。

眠気を克服するには

勉強に気が入らない時、特に数学の問題が解けないとき、別に睡眠不足というわけでもないのに眠気に襲われそのまま敗北していく自分が情けなく、嫌だった。何とか克服しようとして軽く運動してみる、逆立ちしてみる、息を止めてみる、顔を洗ってみる……といろんなことを試してみたが成功したためしはなかった。夜ふとんに入るまでは横にならない、と決めて頑張ってみたこともあったが、能率が下がるだけで何の意味もなかった。

しかし、ある時ちょっとしたきっかけで、この課題は完全に解決する事になった。誰でも目標を定めて、それを実行する為の計画を立てると思うが、これを長期、中期、短期と分けて立てているだろうか。私における短期は1日の計画、それも時間単位の計画だが、この短期決戦が意外にも威力を発揮することになった。まず55分でこれとこれとこれをする、と具体的に決めて、終わりに勝ったか負けたかを判定する。そして5分休む。これが1時間だが、何か不思議な興奮の中でどんどん目標が達成されて行くのに自分でも驚いてしまった。

そもそも受験勉強がわくわくするような内容を含んでいることは少なく、長時間、集中して取り組むことは非常に難しい。今思うと、このやり方は結構科学的な方法だったのではないかという感じがする。

テレビを断ってみてはどうか

夏は短パン、冬は現地で買って来たというロシア帽を被って現れる、寅さんとうり2つの顔をもつおじさん。見るからに変だがR大学で哲学を教えているT先生は、相当のインテリだ。英語、独語、仏語、ロシア語、ギリシャ語、ラテン語に精通し、博識という言葉がフィットする。私は、彼の将棋の師匠として普通に付き合っているが、時々、自分がこんな偉そうにしていていいのだろうかと思うこともある。

そんなT先生がある時面白い話をした。

「子供がくだらんTV番組を観ているのに腹が立って、買って1週間も経たないテレビをコードが付いたまま持ち上げて窓からガレージに投げ捨てたんだ」

「……」

いつものおだやかな雰囲気からは、ちょっと想像しにくい行動だが、気持ちとしては非常に共感するところがあった。実は、我が家もテレビはあるがアンテナをつないでいないので、CSでテニスの試合を観戦する以外に使うことはほとんどない。きっかけは、今の家を新築するために仮住まいで生活した3ヶ月の間テレビを観ることができなかったことだが、2歳と5歳の子供がいる家においてテレビ抜きで親子が向かい合うことの良さを沢山感じることができた。以来、もう10年以上が過ぎて、今では何の違和感もなしに過ごしている。

時には、見たいなと思うような番組がないわけではない。大きな事件が起きた時とかは、時々刻々と変わる情報がほしいなと思うこともある。しかし、なかったらないで、やって行けないわけじゃないし、「ついつい見てしまって無駄な時間を過ごしてしまった」とかいうようなことがない分、メリットの方が大きいように感じている。そもそも、より強い刺激を与えて人の欲望を煽るようなコマーシャリズムには反感を禁じえない。

テレビについての議論はさておき、優秀な子の家庭には多くの共通する要素があるように思われる。このうちの1つとして、『静かに親子が会話する時間をもっている』ということが上げられる。

そして、親は子供を信頼し、子供は心の安定と自信を深める。これは一朝一夕に築かれる関係ではないが、これこそが何よりも大切な成功要素だと思うので、私自身も努力して行きたいと考えている。

心に響いたことはすぐに実行しよう！

私の学生時代に、言葉は「……でございます」とやたら丁寧だが、理解しているべきことが分かっていないようなことがあれば「それは、この前やったじゃないですか！」と強烈に叱り飛ばす、とても恐い先生がいた。4年生になってゼミの選択をしなければならない時、やりたいことはこの先生の専門なのだが、あまりに恐ろしいので私は大いに迷った。しかし、迷った結果、結局この先生の下で勉強することにした。たった4人のゼミ生だった。うち1人は3ヶ月もしない間に「ぼっ、ぼくはもうやめます」と言った切り行方不明になったので3人で恐怖の攻勢と対峙することになった。3回に1回まわって来る発表の度に徹夜で勉強して行くのだが、考えてもいなかった質問が飛んで来る。「そっ、それは……」口ごもると、我々の内で『3分に1度の衝撃』と恐れられていた連続攻撃が始まるのだった。そして最後は「君の仕事は勉強することじゃないのかね！」の決まり文句でとどめをさされた。背中を油汗がたらーと流れながら（人間なんだから忘れることがあってもいいじゃないですか……別に俺の仕事は勉強じゃないいんだけど……）内心、必死に抵抗しつつも口から出る言葉はいつも「はっ、はい！」だった。
今、自分が教える立場に立って、恩師今村先生の気持ちがよく分かるようになった。「オイオイ、これぐらい復習しとけや！」「もうちょっと真剣にやれや！」しかし、同時に、「それが普通だよな」「そうそう完璧な人間なんているわけがない」と思うことも多い。そんな中で一度やったことは必ず身につけて行くような子がいると非常に目立つものだ。「これはこの間やったね？」なんて話をすると決まってウンウンとうなずいている、そういう子を見つけたら、伸びる子だと見てまず間違いない。正直言って、この手のタイプの子がどんなふうに成長して行くのかを見るのはとても楽しいことだ。こういう子に共通することを上げてみると、心に壁がなく先入観でものごとを判断しない、心に響いたことはすぐに実行する――という性質だ。彼らが何かおもしろい取り組みをしていて
「お前すごいな」
などと声をかけると
「先生がやれって言ってたじゃないですか？」
「えっ、そうだっけ……」
意外な答えに驚かされることが多い。

技術よりパワー！

稲荷塾の建物は20坪の狭い土地に建っている。それも三角形の形をしていて「塾のスペースを確保しつつ、生活の場としても快適であるように」という条件をクリアするのは簡単なことではなかった。地元の工務店の方に2、3案を出してもらったが、納得できず、M社、S社の案も今一だった。そんなことで、あれや、これやと迷っているとき小畑のことを思い出した。

「先生、家を建てるときは私が設計しますから」

彼女が京大の工学部建築学科に入ったときに言っていた言葉が、突然蘇って来た。その時小畑は社会人1年生でいわゆる駆け出しだったが、経緯を話して
「お前できるか？」

と尋ねてみると設計は経験ではなく感性だから、私に任せて下さいと自信満々なのには驚いた。早速案を作ってもらうことにしたが、これはなかなかの出来だった。結局、この案を元にS社で建てることになった。ところで、通常の設計料というのは建物の2～3％になっているらしい。3000万の建物だと60万から90万ぐらい払うことになるわけだが、私は彼女に言った。

「お前、まだ新米だし、10万でいいよな？」

「十分です」

小畑で思い出すことは多い。高1の時お母さんと懇談した際に、

「日曜なんかに服を買ってやろうと思って誘っても、やりたい勉強があるからと言ってなかなかいっしょに来てくれないです。大体休みの日だと、10時間は机に向かっています」

半分なげくような言い方をされていたことが印象に残っている。とにかく頑張り屋で、それが過ぎて高3の夏には肺炎で1ヶ月も入院したことがあった。普通この時期のロスは大打撃になることが多いのだが、彼女の場合は何の影響もなかった。結果は720点、ぶっちぎりだった。

数学で点をかせげる子とかせげない子はどこが違うか？　私の考えはこうだ。あるところまでは技術で、その後はパワー。こうすればできそうだけど、大変そうだなあという状況にぶつかった時、他に良い方法はないかなとうろうろするのが普通の子で、少々下手なやり方でもガーと行ってたどり着いてしまうのが「かせぐ子」だ。これは知った道、先が見える道だけを行こうとする凡人の壁を一歩突き破ったようなタフさが必要だということで、小畑は典型的なかせぐ子だった。

以上が小冊子の内容だが、これはお話調で強制力はない。そこで、この中で触れたいくつかのノウハウの内、特に復習ノートの作り方をまとめておくことにしよう。

- 板書を写したり、計算をしたりするためのノートの他に、復習用のノートを作る。
- 復習ノートには、自分にとって必要と思われる内容のみが、見やすく整理された形で記載されていること。
- 数学の勉強をするときは学校であれ、自宅であれ、塾であれいつでも、復習ノートを携帯し、すぐに確認出来たり、書き込んだり出来るようにして使う。

人は、「それはいい」、「そうすべきだ」、「そうしよう」と思ってから実際に行動するまでに多くの障壁にぶつかるものだ。つまり、行動は習慣に依存しており、新しい習慣を作ることは、多くの場合そんなに簡単ではないということだ。その結果、実際の行動に移れる人は、「そうだ」と思った人のうち20％にしかならない。この話は私のテニスのコーチの受け売りだが、本当にそうだなと思うし、学生諸君には「行動する人」になってほしいと願うので、何度でも繰り返して強調したい。

次に「復習」の内容について確認しておこう。

●復習ノートを作る。

●教科書の傍用問題集をひとつ買って、授業で習ったことに関連する問題を解く。

以上だが、復習は**毎日15分やる**ことが重要な点だ。これを6日間実行するとしたら1時間半を復習に充てたことになるが、日曜日などにかためてするより何倍もの効果がある。人間の脳は、非日常的なことはすぐに忘れるようにできているから、忘れたくないことを日常的なことだと脳に認識させなければならず、それには時間間隔を置いて何度も情報をインプットする方法が有効なのだ。このメソッドは「忘れない英単語の覚え方」のところで書いた内容にも通じるものだ。もちろん、

15分以上できるのであれば、やればやるほどいいに決まってるが、あまり頑張りすぎると長続きしないので、とりあえず、15分やれば十分に効果が期待できると知るべきだ。

さて、数ⅡBまで一通り学び終えると入試問題による演習に入るが、これをより効果的なものにするための復習ノートの作り方を説明しておこう。

●大学ノート見開き2ページで1問分。
●左のページには問題、解答を載せる。
●右のページには、その問題を解くにあたって必要な技術（公式、分析の仕方等）をまとめる。

以上だが、自力で解けなかった問題については必ずこれに載せよう。次はこのノートの活用の仕方だ。

●ある程度の期間をおいて、もう一度解いてみる（夏休みなどは、その絶好の機会だ）。半分も解ければいい方だと思われる。
●ここで、復習ノートを見る。「う～ん、なるほど」と納得する――このときの理解は、授業を聴いたときのものより深くなっている。
●復習段階で解けなかった問題はチェックしておいて、2年生であれば年度の終わり、3年生であればセンター明けにもう一度解く。やはり半分も解ければいい方だが、同じ手順を繰り返すことにより完璧な理解に到達するであろう。

2　理科を制する者が勝利を掴む

東大、京大の理系学部の受験においては、理科の対策をしっかりすることがとても大切だ。その重要性はいくら強調しても、し過ぎることがないほどだ。実際受験は「合格最低点に対して1点でも上回れば勝ち」というゲームだが、この最低ラインに対してどの科目で稼ぎに行けば良いのかといえば、数学よりも、英語よりも理科で稼ぎに行くのが一番簡単で確実な方法だ。たとえば東大理Iならば、2次試験で約5割の得点をすれば受かるわけだが、入試問題は受験生にとってかなり難しく、数学、英語で7割の得点をして合格したという東大生を見つけるのは非常に困難だ。ところが理科で7割をとったという生徒ならば、ちょっと探せばすぐに見つけることができるし、少しハードルを下げて理科で6割と言えば、おそらく半数以上の合格者がそれに該当すると答えることだろう。合格者は皆合格するための方法を見つけた者達なのだ。ついでに少し付け加えておくと、これは他教科に比べて理科が易しいと言っているわけではない。ただ対策は明らかに簡明だし、投入した時間に比例するように得点力が付いて行くのもありがたいというわけだ。数学などは何度も頭打ちしながら、やってもやっても伸びているという実感が味わえないというような苦しみを乗り越えて段階的に成長して行くわけだが、これと比較して理科の学習にはストレスがかかりにくいのだ。

というわけで理科の勉強法について書くことにしよう。まず前提条件を確認すると、理科は自分で勉強すると腹をくくるべきだ。学校にいい先生がいるとか、何か都合の良い条件があっても、それはプラスアルファーと考えよう。あくまで自力でこなせると信じることが出発点になる。

では具体的な話に入ろう。最初に科目の決定についてだ。理科は物理、化学、生物、地学の4分野に分かれているが、このうち2次試験で選択するのは2科目だ。しかし地学を選ぶ生徒は非常に稀で入試問題自体も少ないので、現実的には物理、化学か化学、生物のどちらかになる。将来に進む学部が工学部ならほぼ物理、化学で、それ以外なら化学、生物もありうる。いずれにせよどの2科目で受験するのかを決めることが第1歩だ。どうしても決められない場合は化学とあと1つということにしておいて化学から始めればよい。

次は目標達成までにどの程度の期間が必要かということについてだが、スタート時において持っている基礎知識がほとんどないとして、つまり中学で習った内容程度しか把握していないとして、かかる期間は最短で1年9ヶ月だ。これは1年目に1日に1時間を理科に充て、2年目の前半には1日に2時間を注ぎ込むとして計算しているので、受験学年になったとき、1日に2時間を理科に割くのが大変だなと思えば2年3ヶ月計画にすればよい。しかし計画が予定通り進まない可能性もあるし、何事も早めに準備するのが良いに決まっているので、3年計画ぐらいをお勧めする。すると高校の3年間を通して理科を1日に1時間学ぶことになるが、これで東大、京大の理科で7割以上の得点がとれるようになる。

それではいよいよ取り組む内容について説明しよう。作戦は4段階に分かれているが、3段階目までは2科目それぞれについて実行し、第4段階は2科目を同時に学ぶことになる。

第1段階

目標　入試で問われる内容の全体像を把握し、基本的入試問題が解けるようになること。
準備するもの　旺文社の「基礎問題精講」（通称基礎問）と初心者に優しそうな参考書。
実行期間　毎日1時間取り組むとして約3ヶ月（2科目分だとそれの2倍）。
やり方　基礎問は100問以下の基礎問題の解き方をていねいに解説してくれているが、これを3回やろう。1回目は問題を読んだらすぐに解説を読む。そして解説を理解するために参考書を読む。1問に20分かけるとして1時間なら3問消化できる。これを1日分として継続すれば約1ヶ月で1回目が終了する。2回目は自力で解こうと試みる。ここで半分も解ければ上出来だが、忘れてはいけないのはできたかどうかを必ずチェックしておくことだ。やはり1問20分1日3問のペースで進んで、約1ヶ月で2回目が終わる。3回目は2回目にできなかった問題について2回目と同様に取り組む。これは2回目より早く終了することが期待できるが、余裕を持たせてやはり約1ヶ月をみておこう。以上1回にそれぞれ1ヶ月ずつかけて計3回、約3ヶ月をかけて基礎問を学ぶことにより最初に掲げた目標を達成することができる。

第2段階

目標　標準的入試問題（神戸大学レベル）がすらすら解けるようになること。
準備するもの　数研の「重要問題集」（毎年新年度版が発刊される）
実行期間　毎日1時間取り組むとして約3ヶ月（2科目分だとそれの2倍）。
やり方　重要問題集は約150問でできているが、これを2回やろう。1回目にやるときに解けたかどうかをチェックしておいて、解けなかった問題だけを2回目にやる。これは第1段階で基礎問を3回やったうちの2回目と3回目に相当する。やはり1問にかける時間を20分として、1時間で3問、1日に1時間を投入するとしているので、1日3問のペースで進んだとして約3ヶ月で2回通して仕上げることができる。

第3段階

目標　東大、京大レベルの問題が解けるようになること。
準備するもの　物理はニュートンプレスの「難問題の系統とその解き方」か河合出版の「名門の森」。化学は三省堂の「化学Ⅰ・Ⅱの新演習」。生物は代々木ライブラリーの「生物合否決定問題攻略38」、又は「生物重要テーマの攻略53」。
実行期間　約6ヶ月（2科目分だとそれの2倍）。
やり方　難問題の系統は例題だけで118問あるが、これは必ず1通りやること。苦手分野については2回やること。1問1問が重いので、どの程度の時間がかかるか予想しにくいが、余裕があるようならば演習問題までやればよい。他の教材についても問題数を見て、全体を1通り、苦手分野を2通りできるように計画を立てて実行してほしい。

第4段階

目標　東大、京大の出題形式に慣れ、実際の試験場で2科目に割く時間配分や、どちらの科目から手を付けるのかといったことに関して最も高い得点ができるパターンを発見すること。

準備するもの　河合出版の「入試攻略問題集　東京大学または京都大学　理科」。駿台文庫の「実戦模試演習　東京大学または京都大学への理科」。以上2冊はそれぞれオープン模試、実戦模試の過去問を収録したものであるが、基本的に前者は連続2年分、後者は隔年で3年分が載っている。だから河合の方は高1と高3の時、駿台の方は高2と高3の時に買ってほしい。それから赤本をはじめ、集められる限りの過去問。

実行期間　14週。

やり方　週1回土、日などでまとまった時間が確保できる日を選んで、オープン、実戦の過去問2冊を用いて計14回の模擬テストを実施する（京大オープンの本には生物の問題が入っていない。京大を生物で受験しようと考えている場合は過去問から代わりを探してほしい）。毎回時間をきっちりと測って実行すること。東大は150分、京大は180分だが、京大も以前は150分だったので過去問も150分になっているかもしれない。その場合は150分に合わせればいいだろう。途中での休憩は一切認めない。できるだけ臨場感をもって取り組むことが大切だ。またあまり本質的とは見えないかもしれないが、2科目のうちどちらから手を付けるかといったようなことも心理的な意味で点数に作用する要素なので、時間配分等も含めていろんなパターンを試してみてほしい。終われば採点をして得点を記録しておくと、得点力の伸びを実感することができて刺激的だ。この過程で理解が不十分なところや処理スピードが遅いところを発見したら、次の1人模試までに過去問と第3段階で用いた問題集を使って弱点克服に努めよう。

以上が大まかな作戦内容だが、あとひとつ実行順序について付け加えておこう。まず第1段階、第2段階については次の2パターンがある。ひとつは1科目について第1、第2段階をしてからもう1科目に移るやり方で、ふたつ目は2科目とも第1段階を終えてから第2段階に入るやり方だ。これはどちらを採用しても大差はない。いずれの場合もここまでで約1年かかる。

次は第3段階についてだ。第2段階まで終了していれば、既に大体の基礎ができているので、2科目を同時に進行させるのも有力だ。つまり今日化学をすれば、明日は物理（生物）という具合だ。2科目のバランスが崩れ過ぎるのはあまり良くないので、1科目について第3段階を行ってからもう1科目に行くというやり方よりいいかもしれない。いずれにしても、この段階を終了させるのに1年がかかる。もし1日に2時間を投入してダッシュをかければ半年で仕上げることも可能で、そうすると初めに書いたように1年9ヶ月の最短コースを行くことになる。しかしなるべく早めにこの作戦を始め、ダッシュしなくても済むようにしてほしい。

第4段階は元々2科目を同時に行うので順序についてのコメントはない。かける時間は14週としているので大体3ヶ月から4ヶ月だ。以上4つの段階を合わせると2年と3、4ヶ月になる。2月末の2次試験から逆算すると、高1の10月か11月には作戦を開始しなければならないことになる。しかしこの計画はお盆もお正月も、そして定期テスト期間も休まずに1日に1時間、学校の勉強以外の理科学習をすることを通して達成されるという事実を知っておいてほしい。どうだろうか、容易な道じゃないことが伝わっただろうか？「もっと楽な方法はないのか？」という声が聞こえてきそうだが、これ以外にはない、断じてない。安易な道を選べば選ぶほど高3になってから苦労をすることになる。そしてその結果は必ずしも明るくない。ひとつ言えるのは作戦開始時を早くすると、さまざまな不測の事態に対応し易くなるということだ。だから「高校生になったらすぐに始める」ぐらいがちょうど良いのではないかと思う。……私の娘は中学生のとき物理学者になりたいと言っていた。「じゃあやるか？」ということで中3の真ん中頃からこの作戦にとりかかった。しかし物理には多少の数学的基礎が必要だったこともあり、第1段階からして大苦戦だった。高1になって「化学もいいな」などと言い出したので、化学に切り替えたらスムーズに行くようになった。今高1の終盤にさしかかって「音響工学をやりたい」と日替わり定食みたいなことを言っており、それには付き合い切れないが、「高1になったら始める」「化学からやる」がお勧めだ。

3 演習の質を高めよう

数学に限らず、理系科目では、問題を解くという作業が個々の内容に対する深い理解を生み、真の実力を付けるための王道になっている。この演習による効果をさらに高めるために、その意味を確認し、ワンポイント講義をすることにしよう。

まず、演習の目標はⒶ**知識、技術を確立すること**と、もう一つ、Ⓑ**問題の分析能力を高めること**だ。前者は当然なので説明するまでもないが、問題なのは後者で、沢山問題を解いて、より多くの解法パターンを覚えるというようなアプローチでは身に付かない。東大、京大レベルの問題では、これはこうしてああして……という方針がなかなか見えないようになっている。技術を持っていても、それが使える段階にまでたどり着けないとすればどうしようもないだろう。知識と技術が蓄積されて来て、標準的入試問題が解けるようになって来たら、時が来たのだ――ターゲットをⒷに移そう。

内容は難しいけれど、やることは意識を変える事だけだ。最初に問題を解くという作業を次の3つに分けて捉えることにしよう。

(1) 目標の分析：何を示せばよいのか、何を求めればよいのかを明確にする。
(2) 条件の整理：使える条件、道具を確認する。
(3) (1)と(2)をつなぐ。

ここで大切なのは(1)と(2)の順序だ。多くの人は(2)から入ろうとするが、そのアプローチは間違っている。分かり易いたとえ話があるので、まず次を見てほしい。

長岡京市に住んでいる人が乗り物に乗って河原町に行こうとしている。当然阪急電車を利用することになるだろう。ところが、目標の分析が曖昧で乗り物に乗ることしか意識していなかったとしたらどうなるだろうか？

「どんな乗り物があるだろうか？　タクシーもあるし、JRもある。バスもあるだろうし、嵐山に行けば人力車もある……」

と突然条件の整理を始めたとすれば、やればやるだけ目標から遠ざかってしまうことになりはしないだろうか。

非常に滑稽に見えるかもしれないが、数学の問題を解く際に同じようなことをしている人が少なくない。初歩的入試問題では単に知識と技術が問われるだけなので、このアプローチの仕方が大きな差となることはないが、合否を分けるこの1問というところで問題の分析力があるかどうかが重要な鍵になって来るので、(1)に対する意識を高めることが絶対に**必要**だ。それではワンポイント講義だ。以上の内容を具体的な問題を通して確認してみよう。

い。ついでながら

$A \to B : T \iff A \subseteqq B \iff \overline{B} \subseteqq \overline{A} \iff \overline{B} \to \overline{A} : T$

の関係も確認しておいてほしい。ベン図を書けばすぐに分かるが、元の命題の真偽と対偶の真偽が一致するという話にもつながっており、押さえておくべきポイントの一つだ。

さて、基本事項の確認が出来たので、いよいよ問題を解いてみよう。問題の後に解説と解答があるが、すぐにそれを見るのではなく、少なくとも10分は自分で考えてみてから読んでほしい。よりリアルに内容を把握するためだ。

問題のレベルは「東大、京大入門編」といったところだ。

問題

$f(x)=x^4+(a-2)x^3-(2a-b)x^2-2bx$ とする。$x(x-2)>0$ が $f(x)<0$ の必要条件になるように a,b に関する条件を求めよ。

一体何をすればいいのだろうか？　意味ありげな$f(x)$ の式の特徴を調べてみるべきなのだろうか……？　そうではなく、何はともあれ、「$x(x-2)>0$ が $f(x)<0$ の必要条件になる」とは何のことなのか、と結論部分の意味を解釈しないと話が進まないことに気付いた筈だ。そこで、

$x(x-2)>0$ が $f(x)<0$ の必要条件になる

$\iff$　$f(x)<0$ ならば $x(x-2)>0$

前文に「必要」という言葉が出て来たが、大切なところなので、具体的な内容に入る前に説明しておこう。

「AならばBであるという命題が真のとき、BをAの必要条件と言う」

これが定義だったわけだが、少し分かりにくい。まず、

A→B：T　⟺　A⊆B

と書き直してみよう。「人は動物である」を言い換えると人の集合が動物の集合に含まれるという意味だが、このとき動物が人の必要条件だと主張しているわけだ。正直言って意味不明だ。外来の論理用語に日本語がフィットしないこともあるので、もう少し別の解釈をしておくことが**必要**で、必要とは「ほかはダメ」という意味だと理解してほしい。動物の集合の外側には人はいないので、人であるために動物であることが必要だということになる。「日々の勉強が必要だ」＝「日々勉強しないのはダメ」といった具合だ。さらにもう一言注意を加えておくと、「ほかはダメ」という表現は「内側でもダメになるところがあるかもしれんで」という内容を含んでいることにも気を付けておこう。動物の外には人はいないけど、動物の中にも人じゃない動物がいるかもしれんでということで、試験会場に行くときは鉛筆が必要だと言えば、持って行かないのはダメだけど、持って行くだけではダメかもしれんという意味だと理解してほし

結局 $g(x)=x^2+ax+b$ とおくと、$0 \leqq x \leqq 2$ で $y=g(x)$ のグラフが x 軸の下方にあればよいことになり、求める条件は

$$g(0) \leqq 0 \text{ かつ } g(2) \leqq 0 \iff b \leqq 0,\ 2a+b+4 \leqq 0$$

となる。

これで問題が解けたわけだが、結論を分析することがとても大切だということを感じ取ってもらえただろうか。もちろんそのやり方は個々の問題によって千差万別でパターン化できるものではないが、その意識を持って取り組むことによりどんどん能力が開拓されて行くので、努力してみてほしい。

最後に解答をまとめておこう。

解答

$x(x-2)>0$ が $f(x)<0$ の必要条件になる

$\iff$ $f(x)<0$ ならば $x(x-2)>0$

$\iff$ $x(x-2) \leqq 0$ ならば $f(x) \geqq 0$

$\iff$ $0 \leqq x \leqq 2$ ならば $x(x-2)(x^2+ax+b) \geqq 0$

$\iff$ $0 \leqq x \leqq 2$ ならば $x^2+ax+b \leqq 0$

であるが、$g(x)=x^2+ax+b$ とおくと、$0 \leqq x \leqq 2$ で $y=g(x)$ のグラフが x 軸の下方にあればよいので、求める条件は

$g(0) \leqq 0$ かつ $g(2) \leqq 0$ $\iff$ $b \leqq 0,\ 2a+b+4 \leqq 0$

これができればかなり視野が開けたことになるが、ここで止まってはいけない。4 次不等式の解が 2 次不等式の解に含まれるという条件は処理しにくいからだ。もう一歩進んで、これの対偶をとれば、ある定義域の中で 4 次不等式を考えるということになり、これなら何とかなりそうだ！

$f(x) < 0$ ならば $x(x-2) > 0$

$\Longleftrightarrow x(x-2) \leqq 0$ ならば $f(x) \geqq 0$

ここまで来て初めて $f(x)$ ってどうなっていたんだっけ？と条件の整理が始まるわけだ。方程式、不等式を考えるときは $f(x)$ が因数分解されている方が都合がいいわけだが、とりあえず x でくくれて、その後はどうするんだろう？　因数分解は次数が低い方がやり易い。だから複数の文字が含まれるとき、より次数の低い文字に注目して整理すべきだったわけだ。

$$
\begin{aligned}
f(x) &= x^4 + (a-2)x^3 - (2a-b)x^2 - 2bx \\
&= x\{x^3 + (a-2)x^2 - (2a-b)x - 2b\} \\
&= x\{a(x^2-2x) + b(x-2) + x^3 - 2x^2\} \\
&= x\{ax(x-2) + b(x-2) + x^2(x-2)\} \\
&= x(x-2)(x^2+ax+b)
\end{aligned}
$$

よって

$x(x-2) \leqq 0$ ならば $f(x) \geqq 0$

$\Longleftrightarrow 0 \leqq x \leqq 2$ ならば $x(x-2)(x^2+ax+b) \geqq 0$

$\Longleftrightarrow 0 \leqq x \leqq 2$ ならば $x^2+ax+b \leqq 0$

4　必殺技リンザ

人は幼年期、少年期、青年期の3段階の成長期間を経て成人すると言われている。各期間は大体6～7年と見てよく、小学生以前、小学生、中高生が3段階の各々に対応すると考えてそんなに外れてはいないだろう。今回のテーマで注目したいのは、各ステップで母親と子供の関わり方が変わって行くという点だ。

まず、第一段階では親が全面的な責任をもって子供の面倒を見る。本を読むにしても、おもちゃで遊ぶにしても、何を読むか、何で遊ぶかは基本的に親が選別して与えることになる。これを視覚的なイメージで捉えるならば、母親が幼い子をおんぶして歩いている様子を思い浮かべるとよい。

次のステップでは子供がいろんなことに自ら興味をもち、独力による挑戦を始める。そしてそのことごとくを親に報告しながら、父や母の感想を聞き、その反応を見ながら自分なりの意見をもつようになり、価値観を育てて行くことになる。前段階では情操の基礎を据えることが主眼であったとするならば、ここではその土台の上に規範教育が積み上げられて行く過程と見てよいだろう。前と同様のイメージ化をすれば、母と子が手をつないで歩いている様子がぴったりだ。

ここまでの進展は、ある意味で自然な流れだと言ってよさそうだが、第3期に入ると少し様子が変わって来る。多くの親達が苦戦を感じるのはこのときだ。成長とは独立に向けての歩みだと解釈すれば、その一歩手前のところまで来て、「青年」はそれまで慣れ親しんで来た考え方に批判的な目を向け始める。特に男の子の場合は父親を乗り越えようという意識が芽生え、両親の助言を拒否して何でもかんでも否定したがることもある。所謂《いわゆる》第2反抗期というやつだ。完全変態する昆虫でたとえれば蛹《さなぎ》の時期に相当し、その内部が大きく作り変えられるので取り扱い要注意ということになり、ここをうまく乗り越えないと重大な問題に発展することもある。情操教育、規範教育という流れで見れば、個々の個性が次第に固まり、進路も定まって来るこの時期、才能教育とでも呼ぶべきものが上記2つに付け加えられて行くことになる。前を走って行く我が子を追いかけながら、見失わないようにじっと見つめながら母親は付いて行くことになる。

以上のように成長期間を3つに区分して理解すれば、その時々における大まかな指針を得ることができる。この観点での考察を「子供の勉強にどのように付き合うのか」ということに適用して、もう少し続けてみよう。

中学受験のための塾では、生徒以上に保護者の意識、姿勢を操作しようとしている。そうしてその家庭が一丸となり、偏差値の高い中学に受かることが我が子の未来を切り拓く上で絶対に必要だと一点の疑いもなく信じ、そのための態勢を整えることができれば、そうでない家庭と比較してかなり高い確率で**成功**するということを塾サイドが経験的に知っているからだろう。親が子供の成績を事細かに把握することはもちろん、目標、計画、それに対する実行度合いを我が事のように知り尽くし、場合によっては隣に座って励まし、ときには夜食を作ってと、どんな協力も惜しまない……。確かにこのようにすれば子供の心は揺れる暇さえないだろう。我々はここから多くのことを学ぶことができる。このやり方が前に触れた第2段階における原則を大筋で守っているからだ。しかし、ひとつには手を強く握り過ぎであるのと、しばらくして子女が青年期へと移行してしまえば、この方法が最早いいやり方でなくなってしまうということに注意が必要だ。

そもそも中学入試のように究めて狭い範囲でなら、上で書いたような強い管理をすることが可能であっても、児童が中学生になり、さらに高校生になると学ぶ内容自体が飛躍的にその範囲を広げ高度になって行くので、早晩ほとんどの父母がそれについて行けなくなるだろうし、それに伴い子供がどの程度理解して行っているのかなどという状況もどんどん見えにくくなって行く。つまり少年期後半でうまく行った方法が次第に使いづらいものに変化してしまう。それと子供達自身の成長過程により、外からの干渉を嫌い自分で何でもやってみたいという気持ちが強くなって来ると、強い管理は反発の対象になってしまうのだ。このときその前段階で手を強く握り過ぎていると、反動がよりいっそう激しいものになったり、逆に独立に向けての歩みを遅らせてしまったりするような障害が生じる可能性が出て来るというわけだ。

以上見て来たように少年期に母と子がしっかり手をつなぐことについて、その後これがずっと使える方法ではないということと、やりすぎると多少の問題になることを理解しておく必要がある。しかし子供の能力を高めるための大きなポイントのひとつであることもまた事実なので、うまく使うことを考えなければならない。……我が家では進研ゼミのチャレンジを2人の子がまだ小さい頃からやらせて来た。『しまじろう』の頃からなのでもう随分長いが、小学生の間は課題を提出してポイントをためれば何かがもらえるということも楽しみにしていたし、勉強も遊び感覚でできてしまうので学校の不足分を補うのにちょうど良かった。中学に入ってからは学習への真剣な取り組みをする前段階に来たということで、中高一貫コースというのにしている。ほんの少しだけレベルを上げたわけだ。高校受験のためのコースは、特に数学についてはマイナスになることはあってもほとんど意味がないということについては再三述べて来た通りだ。中学数学は1年間で終えるべきであると主張しているのだから中高一貫コースでも進度的には遅いのだが、稲荷塾テキストをやって来た復習にもなるし、何と言っても英語や国語について大いに役に立つ。だから中高一貫コースがいいだろうということなのだ。これまでのところ今（２００９年10月）高1になる姉については何のトラブルもなくやって来た。問題は現中1の弟だ。おそらく日々30分も集中して取り組めば十分にこなせるであろうと思われる内容が、遅れに遅れてたまって行くのだ。夏に気が付いたときにはアルファベットすら完全には覚えていないような状態だった。まず、いつまでにどのようにやるのかという計画性が全くない。毎日の生活の中でどの時間を勉強に充てるのかというような規律もまるでない。これでは実行がある筈がない。一般に男の子の方が女の子より成長が遅いとよく言われるが、うちの2人を見る限りこれは完全に正しい。いや足のサイズは下の子が27・５㎝で上を追い越しているか……。それはどうでもいいとして、どう見てもうちのボウズはまだ少年期の真っ只中を突っ走っている。好きな事、したい事だけを凄い情熱でやっている。これはこれで魅力的だが、やるべきことを全くやらないというのではちょっとまずい。我々はいろいろと考えた結果、彼が勉強する間、できるだけ家内が**隣に座る**ということにした。家内は本を読んだり、手芸をしたりしていて必ずしも勉強を見ているわけではないのだが、少しずつ効果が出始めている。ときにはこわいオヤジが**隣に座る**こともある。息子からすればとんでもない迷惑なのだが、ついにこの10月ですべての遅延を取り戻せそうである。

5　リンゴを落とすな！

言ってしまえば「姿勢を良くしよう」とただそれだけなのだが、これは気が重いテーマだ。何故かと言うと、目標は分かっているのに、そこにたどり着くためのルートが見つからないからだ。「顔が近過ぎるぞ！」「左手はどうなったんだ？」「深く座れ！」「背中が丸いぞ！」……こんなことばかり言っていたら数学の授業にならない。だから初めに、「椅子に深く座って、おしりの少し上をへこませるぐらいに腹を出して、ぐっと胸を張って……」と正しい姿勢を説明して、その後は「姿勢！」と一喝するようにしていたが、なかなか効果が上がらない。背筋《はいきん》が弱過ぎるのだろうか？　それとも姿勢の重要さが分かっていないからなのだろうか？

今回は姿勢の重要性について2点確認することにしよう。まず第1点。通常勉強時間は、小学生から中学生、中学生から高校生と学年が進むたびに増えて行くものであり、このとき「良い姿勢」は長時間の集中を支えるための必須のアイテムだ。そういう意味で、できるだけ早い段階で正しい姿勢を身に付ける必要があるわけで、こんなことは自明の事実と思われる。もし嘘だと思うなら、日曜日の午前中にＮＨＫでテレビ将棋対局をしているので、それを観てみると良いだろう。どの棋士も驚くほどピシッとしていることに気付く筈だ。テレビ対局の場合は放送時間の都合上持ち時間が短いが、普通の対局は4時間とか6時間になっている。2人合わせるとその2倍になるわけだから、こうなって来ると姿勢の悪い棋士が勝てる筈がないということが分かるだろう。何もテレビに映っているからというので無理をして背筋《せすじ》を伸ばしているわけではないのだ。

もうひとつ、「良い姿勢」は頭の働き自体を良くする。体のバランスを保ったり、周りの状況を把握したりする上で、腰から上が地面に垂直に立っていることがとても大切だ。スポーツ選手を見てみると良い。サッカーでセンタリングされたボールをヘディングで合わせるために頭から飛び込んで行くといったような例外を除けば、彼らはどんなに激しく動いても腰から上が真っ直ぐに立っている。それはもう芸術的だ。対してへぼテニスプレーヤーを見れば、体軸が右に傾き、左に傾き、頭の上に載せたリンゴを落としまくりだ。結果として体のバランスを崩し、次の動きが遅れ、状況判断を誤るから無理なショットを打ったりという具合に勝手に滅びて行くのだ。まず体の軸を意識することが出発点で、そのためには、頭の上にリンゴを載せていると想像してみることが有効だ。

机の前に座ったときも同じで、リンゴを落とさないように字を書いてほしい。客観的に見て、まずものすごくカッコが良い。それだけで賢そうに見えるぐらいだ。……なかなかうまく行かない姿勢へのアドバイスだが、これからは「姿勢！」と叫ぶのをやめて「リンゴが落ちる！」とかにしようと考えている。

Ⅲ章　塾長のヒミツ

――エッセイ――

1　小畑川の水は何故涸れる？

10年近く前から小畑川の水が涸れるようになった。夏の日照りが続く中、水位がどんどん下がって「ああっ、水がなくなる」と非常にショッキングな出来事としてその時のことを記憶している。いろんな人にそのことについて尋ねてみると、洛西ニュータウンができて土地の保水力が低下し川に流れ込む水量が減って来ているから仕方がないんだという説明が一般に信じられていることが分かった。

川の水がなくなると魚が死ぬ。わずかに残った水溜りに小魚が集まって生き延びようとするが、完全に干上がらなかったとしても鷺《さぎ》などの鳥の餌食になり結局は全滅する。それは心痛む光景だ。もう二度と魚は戻って来ないのだろうか……？　夏が過ぎ、川に水が流れ始める。そして春になり川を覗き込むと銀色にキラッと光るものがある。オオッ！　初夏を迎えるころには再び川には魚が溢れるようになった。魚達はどこに行っていたのだろうか不思議に思いつつ、自然の力の偉大さに驚かされた。

しかし、毎年のようにこれを繰り返すようになると状況が少しずつ変化するようになった。3月の末から5月の初めにかけて、鯉《こい》が桂川から産卵のために小畑川に上って来るのをご存知だろうか？　沢山のそれも結構大きい鯉が水草の生えた浅瀬でビチビチと群れているのを見つけたら、それだ。彼らは産卵に夢中で、網を伸ばせば、すくい上げることができそうなぐらいだ。実際私と小５の息子は２００６年、網を持って出かけ、本当にすくえるかどうかやってみた。ある程度の大きさに育ったコイは警戒心が強く、人が網を持って待っているところに飛び込んだりするようなことはあり得ない筈なのだが、この時期だけは特別だ。私達は立派な巨鯉を捕まえて大はしゃぎした。興奮はそれだけではなかった。水中をよく見ると、無数の卵が水草に産み付けられているではないか。我々はそれを家に持ち帰り、水槽に入れた。その多くは白っぽくカビが生えたようになった。1週間ほど経って、ダメだったかと諦めて水を捨てようとしたとき、小さな小さな稚魚が動いているのに気が付いた。このときは20匹ほどの鯉の子供が育ったが、この過程は感動の連続だった。２００７年春、そのときを待って私と助手は卵採りに出かけた。多くのコイが例年通り上って来ていたが、あのビチビチと群れている様子を見つけることができなかった。日を変えて何度も行ったが卵を採取することはできなかった。どうしてだろうか？　よく分からないが、一つはっきり言えるのは水草の色が茶色っぽくなっていることだった。かつては緑色で、いっぱいの受精卵が付着していた水草はどうなってしまったのだろうか？　これが長く水が涸れていたことの影響だとしたら、自然は少しずつ破壊されていることになる。その回復力にも限界があるだろうし、元の状態に戻るのに時間がかかるのは当然だ。来年はどうなるか心配だが、２００７年12月現在、もう冬なのに涸れ続けている小畑川の現状を見るときに、事態は悪化して来ているのではないかという気がしてならない。（2008年は緑色の水草が僅かながら見つかり、受精卵も採取することができた。4月20日現在、約1000匹ほどの稚魚が水槽の中を泳いでいる）

さて最初に戻って小畑川の水はどうして涸れるのか、またそれはどうしようもないことなのかということについて、もう一度考えてみたい。一文橋から川を遡り、阪急の高架をくぐってさらに北上すると大きな井堰《いせき》がある。この下流の水が涸れていてもこれより上流はちょっとした湖のように川幅いっぱいに水が溢れている。私達が初めてここを見たのは今年の夏だが、正直言って少しびっくりした。

「下の方の水がどんどん減って行っているときに、こんなところがあったんだ……」

一文橋以南の水がなくなりかけていても、洛西ニュータウン付近では比較的豊かに川の水が流れているのを見て、一体どこからどのようにして水が消えるのかを突き止めてみたいと思っていた。そこで私と共同研究者は自転車に乗って探索に出かけることにしたわけだが、その途中で堰《せき》に出くわしたわけだ。この堰が渇水に関係していることは一目瞭然であったが、何故水が堰を越えないのかは分からなかった。

その後我が家の虫博士は急激に釣りに凝り出し、2人はいいスポットを探してあっちこっちに出かけるようになった。そんな中で上に書いた堰のところはお気に入りのポイントのひとつになった。ブラックバスやブルーギルがよく釣れたし、それにかなり大きな鮒《ふな》が釣れたこともあった。無心に釣りをしていたあるとき、堰き止められて池状態の水に流れがあることに気が付いた。よく見ると堰の直ぐ上の東側の土手から農業用水のための水路が引かれており、そこから相当量の水が流れ出していた。日を改めて我々はそれがどこに繋がっているかを追跡してみることにした。するとそれは地下を通ったりしながら、一旦は川から少し離れた後、再び一文橋付近で小畑川に近付き、そしてその東側の田んぼに流れて行くように作られていることが分かった。冬のこの季節にこんな沢山の水が必要なのだろうか？　もちろん素人の私には分からないが、川にも水を流しながら水を取る方法はないのかと疑問を感じた。水位が減少し、堰の頂上から2～30㎝下ぐらいまでしか水がないときでも、水路の底はまだその2～30㎝低いところにあるものだから、農業用水だけはどんなことがあっても死守するという強い姿勢が伺える。今、小畑川の渇水の直接の原因がこの水路であることを知ってみると、これなら何とか解決の方法があるに違いないと直感し、その辺の事情に詳しい人に相談してみることにした。そこで教えてもらったのが、総合庁舎の土木事務所河川砂防室が川を管理しているということだったので、早速行って担当の方の話を聞いてみた。しかし、その結論はこの問題が意外にも難しいということだった。以下はその要旨だ。

●川に水があるのは当然で、それが枯渇するのは心痛いことだ。
●現状は堰に流れ込む水の10のうち10を農業用水に使っている。それを8対2とか9対1にできないかという相談は何度もして来ているが農業組合から断られている。
●農業組合の主張は、それ以北にも小畑川の水を取り込む水路があり、ここだけが制限を受けるわけには行かないということ。

●農業を保護するのは歴史的な話で、国の姿勢でもある。従って農業組合がこうだと言えば、それを変える力は一事業所にはない。

う〜ん、残念だ。もちろん納得したわけではないのだが、一気に問題解決とはならないことだけは分かった。悔しいが自らの力の及ぶ範囲を越えているので、この小文を書いて一旦撤退することにする。

2　才能とは集中力

亀岡市は山を挟んで京都市の西隣にある。保津川下りとか明智光秀の亀山城があることで知られている。「時は今、雨が下知る五月哉」と詠んで、この城から本能寺に攻め込んだ話は有名だ。何で亀岡に亀山城かと言うと、その昔亀岡一帯は大きな湖で、そこに亀の形をした山が島のように浮かんでいて元々は亀山と呼ばれたらしい……これが時を経て削られ、山が岡に変化したと聞いている。だから冬には霧が多く、ひどいときには10ｍ先も見えないことがある。私はこの亀岡市の出身で、幼い頃を過ごしたこの土地に限りない愛着を感じている。だが冬場は洗濯物が乾かず母が苦労していたし、姉も京都市内の高校への通学が大変だったということもあって、中2の3学期から向日市に引っ越して来た。転校して来て間もない頃、何かの折に私が「汽車が……」と発言したとき、クラス中が大爆笑になり、「お前、それ電車って言うんや電車！」と誰かが言って、さらに大笑いが続いた。その頃亀岡市と京都市をつなぐ山陰線（現嵯峨野線）はまだ単線で、流石に蒸気機関車はもう走ってはいなかったが、電化はされておらず、依然としてディーゼルカーが頑張っていた。なので我々亀岡人はそれを汽車と呼んでいたのだが、都会では（向日市だって都会じゃないと思うが……）もうそのようには言わないということだった。アクセントの違いもよくからかいの対象になった。私はしゃべり方から始まって多くのことを変えざるを得なかった。ちょうど引越しの直前に盲腸の手術を受けたことも大きく影響した。今では簡単な手術なのだろうが、当時は1週間は入院するのが相場だったし、地元の開業医のところでしてもらったので、それなりに大変だった。看護婦さんが近所のお姉さんだったことも中学生の私にとっては気恥ずかしかった。それに何と言っても、痛み始めたのが土曜日で、日曜日中苦しんだ後、月曜日に病院に行ったものだから腹膜炎になりかけていた。まあいろいろあったが、結果としてその後、微熱が1年間続くことになった。学校の体育の授業も休みがちになった。亀岡にいた頃は野山を駆け回るのが大好きで、毎日外で遊んでいたのに、それができなくなった。そういうこともあってだと思うが、私は急速に将棋にのめり込むようになった。

初めは強いと言われている友達を見つけては勝負を挑み、負けると必死で勉強して再び挑戦するということを繰り返した。そして勝てるようになると次の相手を探すというようなことをしているうちに、友人の中では好敵手を見つけることができないようになった。実力的にはまだ3級程度だったが、自分の力を発揮する舞台を発見し、「俺はプロになる」と心に決めた。京都市内の道場に通うようになって、3段、4段の人にコテンパンにやられても闘志が萎えるようなことは一度もなかった。次第に力をつけ、高1で4段、京都市のトップアマにもちょくちょく勝てるようになった。今から思うとプロになるには4、5年の遅れがあるように見えるが、そのような客観的な意見には一切耳を貸さなかった。そして遂に高2の春、奨励会を受験することになった。奨励会というのはプロの養成機関で、各地の我こそはと思う少年達がそこに集い、腕を競い合っているのだが、私が受けたときは西日本で6人の受験生があった。試験は現役の奨励会員と3局指して2勝以上が合格というものだった。結果2勝して合格したのは私だけだったが、私も1局目は負けてしまった。師匠の灘蓮照九段も1局目が終わるまで付き添ってくれていたが、緒戦の敗北を報告すると「俺は飲みに行くから、あとはお前1人でやれ」だった。正直言って見放されたと思った。しかしそこから火事場の馬鹿力で連勝し、合格を決めた。通常1日将棋を指して家に帰ると体重が1・5kgは減っているものだが、まさに身の細る思いをしての闘いだった。試験対局をしてくれた先輩の奨励会員が「強いね」と褒めてくれた一言が今も耳に残っている。

かくしてプロへの道を歩み始めたことで、私の高校生活は一変した。頭の中には将棋のことしか入ってないので、ほとんどの授業は寝て過ごした。成績は急転直下でどん底まで落ちて行った。あるとき校長からの呼び出しがあり、「君、勉強する気がないんだったら学校を辞めたらどうだ？」と言われた。学校生活が煩わしくて仕方のなかった私はこれ幸いと「じゃあ辞めます」と答えて帰宅した。これで晴れて自由の身となる筈だったが、そうはならなかった。小学校の校長をしていた父親がその話を聞いて烈火の如く怒り、「教育者としてあるまじき発言だ！」などと高校の校長と電話で激しくやりとりして、言い負かしてしまったからだ。実に残念……。いやそのおかげで今の私があることを考えれば、ありがたく思うべきなのかも知れない。

さて奨励会員としての生活にも少し触れておこう。対局は月2回、4日と19日に行われる。始終苦労しろという意味だ。その日が土、日と重なると月曜日に延期され、平日に実施されることになる。土曜日、日曜日は師匠の道場の手伝いや、大会等の催し物の運営に駆り出されることになるからだ。しかし対局の日以外は特に何の責任があるわけでもなく、基本的にのんびりしたものだった。問題は対局の日で、この日だけは極度の緊張を強いられた。前日から腹は緩み始め、一睡もできないまま当日を迎え、昼食を注文しても一口も喉を通らなかった。

そういう中で人の器の底の深さを測る目が研ぎ澄まされ、その時点で強いか弱いかではなく、最終的にどの辺まで行けるかが全部分かるようになった。I君、H君はこのぐらい、N君、Nさんはこの辺、K君、U君、W君はここまで……といった具合だが、それは10年、20年経って振り返ってみれば、100％当たっていた。タイトルを獲るほどに活躍すると思ったのは谷川浩司君、福崎文吾ちゃん、南芳一君の3人だけだったが、これもその通りになった。このうち南君は（本当はヨシカズと読むが、ホウイチとも読めるので『耳無しホウイチ』と呼んでいた）私よりも後輩で、実際の対戦成績も3勝1敗で私が勝ち越していたが、彼が上に行くことが分かった。何故分かったかと言えば、彼らの集中力だ。はっきり言って真似できるレベルを遥かに越えている。奨励会での対局の基本姿勢は正座で、2時間、3時間もすると足がしびれて来て、もじもじしたり、あぐらを組んだりするのが普通だが、彼ら3人はつらそうな素振りすら見せない。私などは隣の対局が終わり感想戦が始まると、つい気になって横を向いたりしたが、彼らにはそのようなことが絶対になかった。マンガに出て来るオーラのようなものが体の回り1mぐらいのところを覆っていて、安直に声が掛けられるような雰囲気ではなかった。ついでに話しておくと、谷川君にはお兄さんがいて、灘中から灘高、そして東大に進んだ。将棋もアマトップの実力だ。だがそのお兄さんよりも谷川君の方がずっと賢いのではないかと我々は感じていた。あるとき、私の対局の感想戦に谷川君が入って来てくれたことがあったので、上位者の意見を聞く良い機会だと思って「この手はどうですか？」と彼に尋ねてみた。谷川君は私より3才年下だが、実力がすべての世界では当然敬語で話すことになるわけだ。そのときの彼の反応が忘れられない。素早く駒を動かしながら手で教えてくれたのだ。あまりの速さについて行けず、悔しさで言葉もでなかったが、全く別次元の能力を持っていることだけは感じ取れた。

文吾ちゃんも凄かった。文吾ちゃんだけは、あれから30年あまりが過ぎた今でも親しく付き合ってくれているが、ときどきあの頃の話をすることがある。彼についても、印象に残っている話を一つだけ書いておくことにする。彼が初段の時（初段といってもプロの初段はアマのそれとはまるで違う。何しろ奨励会の6級がアマ4段ぐらいなのだから……）「僕がこの中で一番先に四段になる」と言い切った。当時、関西奨励会には確か24人が在籍していたが、有段者はその内3分の1ぐらいだったと思うので、彼より上位者は何人もいたし、とりわけM三段は強く、誰もが四段に最も近い男と思っていた。将棋界では四段以上が一人前で、四段以上と三段以下では片や「～先生」と呼ばれるか、片や使い走り程の差があるのだ。だから奨励会員は何はともあれ四段になることを最大の目標として日夜修行の道に励んでいるのだが、その四段にM三段より先に初段の文吾ちゃんが昇段するといい放ったのだ。いつも控え目な彼の言葉とは思えない強い調子にも驚いたが、言っている内容自体が飛躍し過ぎていて「それは無理やろ」と私は思った。しかし、それは約1年後現実のこととなった。人に見えない何かが彼には見えていたんだと思う。

当然、自分の才能も測ってみた。四段にはなれると思ったが、A級に昇ったり、タイトル戦に登場したりという活躍はとても無理だと思った。普及の仕事をするのは自分には合っていると思ったが、当初の日本一なるという目標から大きくずれていることは否定のしようがなかった。私は悩んだ。もし辞めるとすれば、文字通り寝食を忘れて打ち込んだ2年間は何だったんだろう……？　幸い、いろんな人達との出会いがあり、私をよく理解し、その上で新たなビジョンを与えてくれるようなアドバイスをもらうことができたので、結局高校を卒業と同時に奨励会も退会することにした。いくら新しい目標を持ったと言っても人がそんなに簡単に変われる筈もなく、それから約3ヶ月間ほどは頭の中が真っ白で、何をするにも腑抜けのようだった。上がったり下がったり、この辺の複雑な事情は書き出したら切りがないのでもうやめておくが、かくして公立高校の落ちこぼれだった私が、受験指導をする人間になるための第一歩を踏み出すことになったのである。

この章のタイトルは『才能とは集中力』だが、この物差しは実に正確で、生徒の将来を占うときに力を発揮してくれる。「行ける」と思った子は大概大丈夫だ。多少の浮き沈みがあり、難しい場面に出会うこともあるだろうが、そのほとんどは自力で解決の道を見つけて行くことができる。問題は集中力が不足している場合だ。できるだけ早い段階で補う必要があるが、塾にできることは次の

2点ぐらいだ。1つは先を見せるということで、そのようになりたいという目標を持つことが出来た場合は大きく変わることもある。もう1つは小さな達成感を積み重ねることで、自分はできるんだという自信を持った場合も飛躍の可能性が出て来る。しかし、根本的に集中力が欠如しているときは上記のような対処療法では間に合わない。それは心がその方向を向いていないということを意味し、その子が真剣になれるもの、心から打ち込めるものを捜す事ができるように助けてあげなければならず、それは家庭の役割だ。私自身の場合も世間的に見れば大の付く問題児だったが、私を信じ続け、時が至らないときはその時が来るのを待ち続けてくれた父と母にいくら感謝してもし尽くすことができない。そう言えば、今日（2月2日）は若くして亡くなった母（私が22才のときに亡くなった）の誕生日だ。

3　夢と理想

将棋の道を辞めることになった頃から3、4年の間、私の考え方に多大な影響を与えてくれた人がいた。その方のアドバイスは多方面に渡ったが、特に人生のプランに関するものは印象深く、今もそれに従っていると言うことができる。これを簡単にまとめると、次のようになる。「まず、10代で人生観、世界観、歴史観……といった根源的な問題を掘り下げ、そこでの気付き、悟りというものが必要だ。次に23才までに自分の特性を発見すべきだ。それができれば、30才までは、自分に合わないことを含め、思いつく限りあらゆることに挑戦してみることだ。30才からはいよいよ実践期に入る。自分が定めた方向に全力を集中するべきときだ。40才からは、それを具体的な形にしなければならない。50才からは、ある程度の成功を収め、人に見せられる実績を持たなければならない。60才からは指導者になるべきだ」何となく孔子の教えに似ている気もするが、それはどうでもよい。とにかく、このような考え方、特に10年単位で計画を立てるというようなスケールの大きさが気に入った。自分の特性を発見するところが23才になっているが、他は10才毎なのに何故ここだけ中途半端な数になっているのかと多少疑問に感じたが、まあその頃に大学を卒業するわけだし、20才と言われるより、少し余裕があっていいんじゃないかとも思った。

さて、私はこのガイドラインに従ってやって来たと書いたが、実際のところを話すことにしよう。

……ことの始まりは、私の両親が小学校の教員をしていたことだ。親戚関係にも学校の先生が多く、否でもその世界が目に飛び込んで来た。だから今の仕事を選んだのかと言うと、実は全く逆だ。小さい頃から教師という職業を身近に見て来ての率直な感想は『魅力のない仕事』という一言に尽きる。そこにいる人達は概して、視野が狭く、柔軟性に欠け、何かに挑戦するという気質が欠如し、――夢多き私には、まるで刺激のない生活をしているように見えた。当然その方面は、進路の選択肢から除外していたものだから、23才のタイムリミットが迫る頃、私は大いに焦らされることになった。自分に向いていない事の中から、生涯、情熱を傾けることのできる道を探そうとしていたからだ。しかし、まごつきはしたが、結局私は自分が根っからの教師であることを悟り、その方向であれこれ理想を描き、計画を練り始めた。

高校の教師になり、将棋部の顧問をするのもいいなと思った。部を率いて、全国大会で優勝するなんてことは、とても心引かれる事のように思えた。だが、残念なことに教職課程を履修していなかったので、それを今更……と考えると、大変さの方が目に付いて、この案は没にすることにした。

人が行動するか否かを決定するとき、3つの判断基準に照らし合せて考えることになるが、一つは『快、不快』、次は『損、得』、そして最後が『善、悪』だ。たとえ不快であっても、損得を計算すれば、やらなければならないこともあるだろうし、仮に損をすると分かっていたとしても、それが善だと判断すれば、断行しなければならないこともあるだろう。そういう意味で、一つ目より二つ目、二つ目より三つ目がより高い基準だと言えるが、『善、悪』とは、ある目的に対して、それに沿っているか、反しているかを問う内容だ。それに対して『快、不快』とは、ある状態にあるかどうかを判断する言葉だ。そのように考えて行くと、『将棋部の顧問になる』というのは、どちらかと言うと『快、不快』を基準とした目標設定だといえるだろう。つまり、そんなに高い理想じゃないということで、もっと本心に訴えかけるような理想、一生を通して追い続けることのできるような理想があるに違いないと思ったことも、これを捨てることにした理由の一つだ。

若い頃は見えている世界が狭い。だけれども純粋であり、その直観により、結構本質的なことを見抜いてしまうことがある。私の場合も、20台前半に考えたことが、今の生き方に深く影響を与えていることを思うと、それなりに真剣だったんだなと評価したい気持ちになる。そのときに出した結論を書いてみよう。まず、最初に決めたことは、できるだけ大きく考えるということだった。自分の力量はこのぐらいだから……というような、自らの可能性に制限を加えるような発想はやめておくことにした。たとえそれが夢物語のような内容であったとしても、挑戦することに情熱を感じることができれば、それでいいと思った。そして行き着いた理想は、「同じ教育者になるんだったら、国の根幹を作るような仕事がしたい」ということだった。しかし、いくら何でも日本は大き過ぎる。もっと小さな発展途上国がいいなと思った。南米の暖かい国に心が惹かれた。夢はどんどん膨らんだが、そこから逆算して計画を立てた。——30才で教育の現場に就く。40才で自分の塾を立ち上げる。50才からは、それを発展させて、物が言える基盤を作る。60才からは勝負だ。

これまでのところ、私はかなりの精度で上の計画を実行して来た。大学を出た後は、将来の夢とはできるだけ無関係な仕事をしようと思い、そのようにした。28才で失業し、京都に戻って来て、食べるためだけの仕事を1年した後、29才で小さな塾に勤めることにした。その後、少しずつ大きな塾に勤務先を変えながら、技術を修得し、34才で予備校講師になった。その頃から部屋を借りて、個別指導を行ったりしながら準備を進め、家を買って塾をスタートしたのが37才。その後、塾は順調に成長したが、39才のときに3週間の休みをとってブラジルからパラグアイを旅行してまわった。25cmほどのピラニアを釣って、家内に料理してもらって食べたこと、豪雨の中、現地の子供達の中に入ってサッカーをしたこと、息子とヘラクレスオオカブトのメスを捕まえたこと……等、強烈に記憶に残る体験だったが、何よりも移住の可能性を多く発見することができたことが、大きな成果だった。飛行場からそれ程遠くない便利な土地で、1ヘクタール（100m×100m）が50万円ぐらいだったことも魅力的だった。200万円もあれば立派な家が建つし、目と目が合って親指を突き出せばもう友達という、そこに住む人たちの陽気な性格も気に入った。子供が5才と2才でまだ小さかったので、来るなら今だと興奮気味で帰国した。しかしその直後、家内の乳癌が発覚し、手術、闘病と続く中で、日本で頑張るしかないと腹をくくることになった（家内は手術後10年以上が過ぎて、今ではそのようなことがあったこと自体を忘れかけている）。そして今年（2009年）50才になる。前々章の「画期的カリキュラム」のところで書いたように、今では「ひょっとしたら日本の教育を根本的に変えることができるかも知れない」と考えている。

4　自己管理と習慣

結婚して間もない頃、「毎月のように給料の出所が違う」と家内が不安がった。私としては、長期計画の一環だったので、何とも思っていなかったが、それを理解してもらうのは難しかった。給料も手取り月17万円ぐらいで、借りていたマンションには、炊飯器、冷蔵庫、洗濯機、それと電話機以外の電化製品は何もなかった。本当に何もなかった。あるとき私は決意して、新聞配達をすることにした。塾に勤めていたので、夜の仕事を終えて、その翌朝4時頃に起きて新聞を配りに行くことになるが、正直言ってかなりきつかった。しかし、これを実行した1年間、実に沢山のことを学ぶことができた。収入が5万円増えて、テレビ、オーディオセット……と毎月のように、これまで我が家になかった品が増えて行くのも嬉しかった。不思議にこの1年間、一度も風邪を引かなかったことにも驚いた。だが、ここで得た最も大きな財産は、自己管理についてのノウハウだった。それについて書くことにしよう。

体が疲れているときは、目覚ましの音が聞こえない、いや正確に言うと、聞こえているのだろうが、無意識のうちに消してしまう。私もこれを一度か二度やってしまったことがあるが、絶対にやってはいけないミスだ。配達所の人に迷惑をかけるし、その後気まずい雰囲気になって、管理しているおばちゃんに冷たく当たられることになるのだ。失われた信頼を回復するのは並大抵ではない。だから、ベルの音が聞こえてから「もうちょっとだけ……」という気持ちが少しでもあるとまずい。そのまま負けてしまう可能性があるからだ。この弱い心に打ち克ち、ババッと反応できるようにするためにはどうしたらいいのだろうかと、いろんなことを試してみた。その中で気付いたことだが、夜眠る直前の心の前向き度合いと、朝起きるときのそれがほぼ一致しているということが分かった。だから「疲れた！」と言ってそのまま寝るようなことをすると良くないわけだ。「疲れた～」と言って起きることになるからだ。このことに気付いてから、私は寝る前に「今、目覚ましが鳴ったら、よしっ！　と起きられるか？」と何度もシュミレーションしてから眠りに就くようにした。そうするうちに次第にコントロール能力が高まり、目覚ましがなくても、3時半に起きようと思えば3時半に目が覚め、4時に起きようと思えば4時に目が覚めるというようなことができるようになった。人間にはまだまだ隠された能力があり、意識と訓練次第で、思いもつかないようなことでも、出来るようになる可能性があることを知らされたような気がする。しかし、ここでもう一つ重要な点は習慣の力を借りるということだ。朝パッと起きることでも何でも、それが習慣になってしまえば、容易に実行することができる。そしてその習慣が作れるかどうかの鍵は、2週間の断乎たる実行をするかどうかが握っている。しんどくても、苦しくても、しぶとく食い下がり、2週間続けたときに突然、当たり前のようにそれができるようになる瞬間が訪れる。これは私の体験的な話だ。何故2週間なのかは分からないが、朝起きることだけではなく、いろんなことで試してみて、確かにそうなっているから、これは、いい習慣を作るための一般的法則だと私は信じている。
何はともあれ、暗闇の中を出掛けて行き、心に染み渡るような朝日を浴びながら仕事を終えることの爽快感！　これだけでも辛いことや嫌なことなどを帳消しにして余りあるものだったと感じている。

このように昔のことを思い出していると、いくらでも蘇って来る思い出があるが、1つだけついで話をしておこう。……もう40年ほど前、私が小学生だった頃、『新聞少年の歌』が流行ったことがあった。「雨や嵐にゃ 慣れたけど やっぱり夜明けは 眠たいなア」という歌詞で、もちろんその頃私にはそのような経験があったわけではないが、何故か気に入って、傍で見ていたら恥ずかしいぐらいに、なり切ってよく歌ったものだ。だけど実際に新聞配達をしてみて気付いた。「この歌詞は新聞配達をしたことがない人が作ったものに違いない」と。どうしてそんなことが言えるかというと、夜明けの眠たさに慣れることはあっても、雨の辛さに慣れることはまず有り得ないからだ。雨の日には、新聞が濡れないようにビニール袋で包んだりしなければならないから、まずとてもめんどくさい。それに、夏でもない限り、手が冷たくて、どんどん感覚がなくなって行く。冬の寒い、ある霙《みぞれ》の降る朝、バイクのタイヤが鉄板の上で滑ってしまい、バイクごと投げ出されるようにこけてしまったことがある。新聞は濡れた道路に散らばるし、体はあっちこっち打って痛いし、泣きたい気分だった。だから断じて、耐え難いのは雨で、眠たさではないのだ。

5　武勇伝

京都市テニス協会主催の試合は年間5回あり、男子シングルスは一般がAとB、年令別が35才以上と45才以上にクラス分けして開催される。夏の大会には年令別がなかったり、春、秋には年令別に50才以上のクラスが加わったり、微妙な違いがあるが、我々アマチュアプレーヤーの多くはそこでいい成績を残すことを目標に日頃の練習に励んでおり、結構盛り上がるという意味ではどの大会も同じだ。

基本的に私は一般と年令別のどちらにもエントリーすることにしているが、一般の部では何年か前のオータムテニストーナメントのBで優勝し、Aに上がった。39才でテニスを始めたおじさんプレーヤーとしては快挙だった。しかし、その後のAでの闘いには苦しみが多く、3R（ラウンド）に進めたのが1回きりで、ずっと切られ役を演じて来た。最近では、出場する前から「何か学べばいいから……」と言い訳を捜す有様で、「これではいかん！」と一念発起して2009年3月の京都市テニス選手権にはBから出直すことにした。

Bでそこそこ勝ってAに上がり、Aでは勝てないでBに戻り……ということを繰り返している人が何人かいるが、その気持ちが私にはよく分かる。AとBのレベルの差が大き過ぎるのだ。しかし、あまりかっこの良いものではないことも事実で、「稲荷さん、Bで出るなんて反則ですよ」などと言われても、皮肉っぽい響きを耳が感じ取ってしまう。何が何でも勝たねばならぬと思いつつ、他にも優勝を狙っている強敵がいるに違いないし、これから伸びて行こうとしているジュニアの子も混じっているだろうと思うと、モチベーションは嫌でも高まって行った。

初日は順当に勝ち上がることができた。これでベスト16に入った。2日目は1週間おいて土曜日に開かれた。京都市の大会では8ゲームプロセット方式が用いられることが多い。1セットでは短く、3セットマッチでは長過ぎるということで、主に運営上の理由からそのようになっているわけだが、競《せ》った試合ではこれは相当に長く、体力と根性の勝負になることも少なくない。ちょうどこの日の第1試合がそうだった。相手の子は若く、(25才ということだった)動きも良く、強打して来るのにミスも少なく、私は徐々に追い詰められて4対7になってしまった。こうなってしまえば、形振《なりふ》り構わずクソ粘りに出るしかない。相手のマッチポイントが3回もあったが、私は拾いに拾って遂に7対7に追い付いた。しかしここで脹脛《ふくらはぎ》に痙攣《けいれん》が走り、7対8。恐らく向こうは勝ったと思ったに違いない。私自身、勝った筈の試合を一瞬の心の隙を突かれて、手痛い逆転負けを喫したことが何度あったことだろう。諦めてはいけないわけだ。結局このゲーム、8対8に再び追い付き、タイブレークの末に(7対5)この技術に勝る若者を倒すことができた。次の大学生も、しんどい試合だったが何とか勝って、これでベスト4。

準決勝からは翌日の日曜日に実施される予定だった。しかし天気予報は雨。土曜日の疲れが回復しない49才は、雨による延期を心から期待していた。日曜朝、夜中に降った雨がまだ止まず、小雨ではあるが、まだしとしと落ちていた。「ラッキー！」私は雨天順延を確信し、万一のときのための試合準備だけはしたけれども、心の準備は一切放棄して会場に向かった。ところが西院の駅で降りて、コートに向かって歩きながら、雨がどんどん上がって行くのを感じた。「ウソだろ！　降水確率も高かったじゃないか！」最後の望みは、コートに水が浮いていることだった。だが無慈悲にも、新しく張り直されたコートには水溜りの1つもなかった。

そしてSF（セミファイナル）は始まった。脹脛《ふくらはぎ》の張りに加えて、腿《もも》にまで軽い痙攣《けいれん》が来た。スマッシュを打てばピクピクッと来る。もう攻撃的プレーをするのは難しい。選択肢がどんどん減って行く中、プライドだけで何とか勝ち切ることができた。やっと辿り着いたF（ファイナル）。しかし、もうまともに動ける状況ではなかった。私は決勝戦までに最低でも30分の休憩がほしいと訴えたが、試合の進行係りから、もうコートが空いているからと言われ、15分の休息を得ただけで闘いの場に臨んだ。対戦相手は、こちらの状況がよく分かっていたようだ。私としては攻めさせてカウンターをと考えているのに、いくら誘っても乗って来ない。見ている人の中から笑いが出るほどに、緩い球を延々と打ち合う展開になった。まるでつなぎのラリー練習だ。

——勝てない。

私は絶望を感じた。2対5になったときにリタイヤしようと思った。しかし、そう思った瞬間ぐらいに翼君が応援に来てくれた。盛んに拍手をし、声を掛けてくれる。彼は今高3で、高1のときからインターハイに出ているジュニア№1プレーヤーだ。何と言ってもかっこいい。何でそんな彼がおじさんのへぼいプレーに声援を送ってくれるのか？　全く謎だ。ただ言えるのは彼が、私が師事している西村コーチの息子で、この試合、私が途中で投げ出すことができなくなったということである。

これで奇跡が起きて私が勝ったというのであればハッピーエンドだが、そうはならなかった。命懸けで3対5にしたところまでが限界で、その後は脱水症状まで引き起こし、文字通りふらふらしながら闘いを続け、最後は地面のボールをラケットの杖なくして拾えない状態になり、そのまま押し切られた。準決勝が始まったときから決勝が終わるまで4時間15分が経っていた。とんでもない記録だ。私は全く動けず、呆然としていると、翼君がコートに入って来て、代わりにコートブラッシングをしてくれた。そしてラケットバッグを担いでくれて、私は彼に助けてもらいながらコートを出た。「感動しました」彼は言ってくれたが、むしろ惨《みじ》めな気持ちだった。事件が起きたのはその後だ。更衣室で着替えを終えた直後、脹脛《ふくらはぎ》が激しく痙攣した。そこを伸ばそうとすると脛《すね》側も痙攣した。悪戦苦闘しているうちに、激痛は腿から腹筋へと一気に拡大し、自力では解除不能になった。所謂全身痙攣というやつだ。通り掛った人に助けを求め、救急車を呼んでもらった。「名前は？　所属団体は？」とかいろいろ聞かれたが声すら出なかった。騒ぎがどのように伝わったかのかは分からないが、救急車が来るまでに、大会本部の人達や居合わせた仲間達が駆け付けてくれた。その中に消防で救急隊員をしている中嶋さんや、哲っちゃんも混じっていて応急措置をしてくれたが、誰がしてくれているのかさえ全く気付かなかった。その様子を見ていた林さんに後日話を聞いたところ「ああ、稲荷さん死ぬなあ」と思ったとのことだった。救急車が到着し、左右から金属の板が体の下に差し込まれ、上下でガチャッと留めたところでそれが担架になったとき、妙に頭が冴えて「へぇ〜、こうするのか！」と感心したが、冷静だったのはその一瞬だけだった。病院に運び込まれ、点滴を2本打ってもらってようやく動けるようになったが、全身のだるさ、あっちこっちの痛みは約1週間続いた。

一応以上が「武勇伝」のあらましだが、選手権に続いてゴールデンウィークに開催された京都市長杯では、一般Bできっちり優勝することができたことを付記しておきたい。

6 鯉の産卵

「小畑川の水は何故涸れる?」のところでも書いたが、3月の末から5月の初めにかけて、鯉の産卵期になる。この時期に川に行って卵を採取するのは、私にとっても、中1になった息子にとっても絶対に逃すことのできない楽しみの1つになっている。去年採った卵からは100匹ほどの稚魚が生まれ、最終的には3匹の鯉と1匹の鮒《ふな》が育った。全部コイだと思っていたのにフナが混じっていたことにも驚いたが、1年経って一番大きく成長したコイが25㎝にもなったことにはもっとびっくりさせられた。それらを裏庭の超大型水槽に移し、今年(2009年)の新たな挑戦が始まった。

最初の採取の後、何故かぶくぶくの電源が半日以上に渡って切れていたことがあり、多分それが原因と思うが、ほんの数匹しか孵化しなかった。これでは成魚を得る確率が低過ぎるので、約1週間後再度採りに行ってみると、そこにはもう卵は残っていなかった。場所を変えて探してみたが、白っぽくカビが生えたようなものしか見つからなかった。これはこの卵の一群が孵化後のものであることを意味し、持って帰っても稚魚を得ることはできない。しまったと思ったが、同時に「その辺に生まれたばかりの稚魚が潜んでいるのじゃないか」と閃いた。持っていた網で水草の間をごそごそとしてみると、いた！ 新しい採取方法を開拓した瞬間だ。しかしこのときはまだこつが掴めておらず、十数匹を捕まえただけで帰宅することになった。

数日後再チャレンジということで、我々はポイントに向かった。しかし今度は雨の後で、稚魚は流されてしまったらしく、ついに1匹も発見することができなかった。諦めて帰りかけたとき坊主が叫んだ。

「卵がある！」

えっ？　と思って覗き込んでみると、無数の卵が水草に産み付けられているではないか！　稚魚を見ようとしていた私の目には、目の前にある卵の一大集団が見えていなかったのだ。何はともあれ、大漁だった。……ところで、鯉が雨を待って一斉産卵したように私には見えたが、本当のところはどうなんだろう？

このときの受精卵から100匹以上のコイの赤ちゃんが生まれ、育てて行く数としてはこれで十分かと思われた。ところがまたまた事件が起きてしまった。コイの赤ん坊の中にゆらゆらと変な泳ぎ方をするやつが混じっているのだ。初めはオタマジャクシかなと思ったが、よく観るとひげがあり、鯰《なまず》だということが分かった。全部でナマズは4匹いて、これはおもしろいことになったと喜んだ。だが4、5日経つとコイの数が激減し、ナマズも1匹だけになった。残ったナマズは5・5㎝ほどもあり、生まれて1週間しか経っていないとはとても信じられない成長ぶりだ。こいつが他の魚を捕食していることは疑いようのない事実だ。鯉も小さい頃はよく共食いをして、強いものがさらに強くなり、そして大きくなって行くのだが、1㎝を越えるようになる頃からは動きも速くなり、もう食べられなくなるものだ。しかし鯰にあっては、相手が1㎝を越えていてもお構いなしだ。何と言っても口が大きいし、普通に泳いでいるときと、襲うときのスピードの差が大き過ぎる。ゆっくりしているなと思っていたら、急に加速して来るものだから逃げ切れないわけだ。結局コイは全滅し、水槽には巨大ナマズ1匹だけが残った。

仕方なくコイ用の水槽をもう1つ準備し、もう一度稚魚を採りに行くことにした。前回卵を集めたときから1週間が経っており、川でも沢山の稚魚が孵化しているに違いないと期待感は高まった。そしてその予感は的中した。多いときは、一すくいで10匹以上のコイが網に入った。我々は夢中になって小さな小さな魚をいっぱいいっぱいすくい続けた。そのうちに我が研究パートナーが奇声を上げた。「何これ⁉」網には小魚の他にヤゴ、ザリガニ、亀、シラサエビ、その他水生昆虫などが飛び込んで来ることがあり、おおよそその内のどれかだろうと思って覗き込んでみると、そこにはオレンジ色の小魚がピチピチと動いていた。「何これ⁉」

色合いが多少違うというようなものではない。形は鯉の稚魚そのままだけど、一目全く別の魚に見える。「錦鯉じゃないか⁉」しかし親がいないのに、そんなことがあるわけもないし……。とりあえず「オレンジフィッシュ」と呼ぶことにして、持ち帰ってからは大きいやつに食べられないように囲いの中に入れ、大切に育てることにした。後日、息子が学校の理科の先生に話したところ、白子じゃないかと言われたそうだ。我が家が誇る生物博士によると白子のことをアルビノと言うらしく、そのときから「オレンジフィッシュ」の名前は「アルビノ」になった。無事大きくなってほしいものだ。

7　頑張れFさん！

少し前の話になるが、今年（２００９年）の2月の末、卒業生のFさんが遊びに来た。５年ぶりの再会だったが、彼女が大きく成長したことを感じることができ、とても楽しい一時を過ごすことができた。ただ、履いて来た革靴がすごく大人っぽいものだったので、「どうしたの⁉」と多少違和感を感じた。だが、それについては母校の教育大学附属高校に英語での講演を依頼され、それをこなして来た帰りに寄ったのでそうなったと説明していた。子供っぽく見られるのが嫌だったらしい。

彼女は現在、東大のマスター2年生で、専門は宇宙物理。系外惑星を研究している。系外というのは太陽系外という意味で、今ではもう沢山の惑星が発見されているそうだが、望遠鏡で見えるようなものではないので、見つけること自体が大変らしい。どんな方法を用いるのかを、２、３の例を上げながら熱心に話してくれたが、私にはちょっと難し過ぎた。それで、「系外惑星を見つけたとして、何の役に立つの？」と素朴な疑問をぶつけてみたところ、「単なる好奇心です」とさらっとやられてしまった。おおよそ学問とはそんなものかも知れない。……彼女は教育大学附属高校2年生になる直前に入塾して来たが、そのときの印象が強烈で、思い出すことも多い。言うまでもなく附属は公立で、その時点で彼女は数ⅠAまでしか学んでいなかった。当然のこととして数ⅡBの授業を受けるものだと思って話を進めていたら、突然彼女が言った。

「私数ⅢCもとりたいんですけど」

「えっ……⁉」

私はそれまでそんなことができるとは想像すらしたことがなかった。数ⅠAと数ⅡBを同時進行させようとして失敗したことはあったが、数ⅡBと数ⅢCじゃそれよりずっと量が多いし、数ⅢCの前提として学んでおかなければならない数ⅡBの分野も多そうだし、はっきり言って発想外だった。だけど彼女は優秀だったし、熱心でもあったので、

「しんどくなったらすぐに言いや」

ということで補習をしつつ数ⅢCを始めることにしたのだ。ところが拍子抜けするぐらいに簡単にこなして行くFさんを見ながら「何だ、こんな道があったのか！」と驚き、多くを気付かされることになった。数ⅠAは高校数学の基礎理論で、数ⅡB、数ⅢCはその上に積み上げる技術だ。だから数ⅠA、数ⅡB同時進行作戦はうまく行かなかったけれど、たとえ量は増えたとしても数ⅡB、数ⅢCなら同時に進めて行くことが可能だったのだ。これは何も彼女が特別によくできたからうまく行ったという訳ではない。その後稲荷塾ではよりスムーズに数ⅢCに入って行けるように補習のタイミング、その内容などを工夫して来たが、今では「誰でもこなせる」と断言できる。つまりこの画期的方法『数ⅡBを学ぶときに、同時に数ⅢCをやることで、高校に入ってから高校数学を学び始めた諸君が、中高一貫校の進度に追い付くことができるという方法』は研究者の卵Fさんの最

初の発見だったのかもしれない。――そのとき既に、常識に囚われないと言うか、柔軟な発想力を持っていたが、今はどこから見ても堂々とした研究者になっていた。

さて話は変わって、大学院を選んだときのエピソードがとてもおもしろかったので載せておこう。元々は、アメリカの大学院に行きたかったということで、学部の3年生のとき、ハーバード、MIT（マサチューセッツ工科大学）を見学するツアーに参加したそうだ。この2校はどちらもトップ校のひとつで、このときは向こうの担当教官と直接話をすることができて、すごくいい経験だったと言う。だけど、ハーバードの教授が、彼女の専門分野で実績があるところとして東大を勧めてくれたのと、東大に入ったときに環境の変化に慣れるのに時間がかかったのを思い出して、迷いに迷った挙句、結局東大の大学院にしたらしい。――ウ～ン、もったいない。行ってしまえば良かったのにと私は思った。

ところで、アメリカの大学で有名なところはほとんどが私立で、学費が非常に高い。何年か前に聞いた話で、年間400万円ぐらいということだったから、今だと、それより下回ることはないだろう。だが、大学院から行く場合は全く別で、研究生として採用してくれるので、学費は要らない。それどころか、生活補助まで支給されるので、慎ましく生活していれば、何某かの貯金ができるくらいだと彼女は言っていた。京大でもいろんなオファーが掲示されているのを目にしたが、そこまで優遇されているとは知らなかった。さらに彼女曰く、東大出身ならば、ハーバード、プリンストン、MIT以外ならほとんどフリーパスに近い状況らしく、上記3大学でさえ、ちゃんと対策していれば問題ないとのこと。……相当本気だったんだなあ……。まあいずれにせよ、マスター卒業後はドクターに進むつもりだと意欲満々の彼女を見ながら、熱いエールを送りたい気持ちにさせられた。

また、彼女が東大理Ⅱ志望の高3の女の子の家庭教師をした話も驚かされる内容だった。数学を教えていたそうだが、私としては受験から何年か経ってしまえば、忘れることも多く、しんどかったんじゃないかと思った。ところが彼女の感想は全く逆だった。

「その後のつながりが分かって来ると、何であのとき難しく感じたんだろうと不思議だった。今なら満点とは言えないけど、ほとんど解けますねえ」

そんなものか⁉　完全にまいった。

最後に、Fさんが大学に受かったときに書いてくれた体験記を付け加えておこう。

文字通りアットホームで和やかなムードの中、授業を受けられたのは幸せでした。私は何度も先生のギャグに失笑してしまいました。

テキストには選りすぐりの問題が並んでいるので、予習ではうーんと唸ってしまう事も多かったのですが、授業での先生の導き方は非常に鮮やかで、よく感動しました。直感的な判断や目の付け所を指摘しつつ、様々な角度から問題を捉えて下さるので、一緒に考察していると自分の思考力も上がって行く感じがしました。本番でも塾でやったのと同じ考え方を要する問題が出て、すんなり解くことが出来ました。

何より素敵なところは、もし授業中に分からないことがあっても気軽に質問ができ、また先生も懇切丁寧に分かるまで教えてくれるので、帰宅するときに、もやもやした気持ちを残すことがないことです。基本的な質問でもばっちり教えて下さいました。

とにかく私は稲荷先生に指導して頂いて良かったと心底思います。本当に頼りになる先生です。

8　テニスのすすめ

季節の変わり目に体調を崩すという話があるが、若い頃はその意味がよく分からなかった。しかし30才を過ぎて、毎年2月から3月にかけて風邪というにはあまりに長い不調期を経験するようになって、気温の変化に体が追い付けなくなることを言うのだと知るようになった。

元々体は強い方じゃないし、最も肉体を鍛えておくべき高校生のときに将棋ばかりをしていたのも良くなかったと思う。それに、高校卒業時に一旦止めた将棋を約10年の休眠の後に再開したのも健康のためにはマイナスだった。何でもほどほどにしておけば良いのに、将棋には人をのめり込ませるような魔力がある。日曜日にクラブなどに行くと、タバコの煙がムンムンとする中で半日も同じ姿勢で考え続けるものだから、腰を悪くし、ぎっくり腰にもよくなった。ひどいときには寝返りさえ打てないというか、顔を横に向ける事さえ出来ないこともあった。今でこそ笑い話みたいなものだが、そのときは深刻だった……。そんなことで、調子が悪いのが普通になっていて、2週間に1度ぐらい「今日は不思議に体が軽い」という日があると、次の日には決まって風邪を引いていた。こういった状況は年を重ねるごとに悪化し、遂に1998年2月、38才のときに肺炎になった。

病院に行くのが嫌いで長引く咳に耐えていたのだが、いよいよおかしいということで診てもらったときには「直ぐに入院しなさい！」ということだった。当時は、昼間は予備校で教え、夕方からは自分の塾で授業をするという生活をしていたので、入院となるとそれらをすべてストップしなければならない。予備校は何とかなるとしても、塾の方は下手をしたら潰れてしまうかもしれない。それだけは何としても阻止しなければならなかったので、必死に食い下がって交渉した結果、日々点滴を打ってもらいながら仕事を続けることになった。結局完治するまでに3ヶ月かかった。

地獄の毎日だったが、その様子を見ながら、予備校の同僚で一緒に数学を教えていた奥野さんが「これは名器なんだ」と言いながらテニスのラケットを手渡して、テニスを始めるように勧めてくれた。奥野さんは私より15才も年が上だったが、不思議に気が合って、いろんなことを話したものだ。日焼けした黒い顔に角刈りの頭、それにサングラスを掛けて、いかつい雰囲気で歩く、――一見するとやくざの親分みたいだが、情にもろく、何か心に触れる事があると目に涙を浮かべることも多かった。私から見れば、頼りがいのある『おもろいおっちゃん』だったが、「そのやんちゃな目が俺に似てる」とか言いながら、随分かわいがってくれた。そうそう！　視力が3・0もあって、見える筈がない距離から生徒のノートの誤りを指摘するのが得意技だった……。見えると言えば、人の心の中を見通す眼力も相当で、どうしてそんなことが分かるのかと感心させられることもしばしばだった。長く大阪の公立高校の先生をした後に予備校業界に転出して来た変り種で、農夫になるのが夢だった。実際、兵庫県北東部の黒井というところに広い土地を買って、開拓を始めていた。私達家族も2度も泊まりに行って、ナスやジャガイモの収穫をさせてもらった。私の息子はサワガニを捕まえたり、クワガタ捕りに連れて行ってもらって大はしゃぎしていた……。奥野さんのことを書き出したらきりがないが、つい直前まで元気いっぱいだったのが嘘のように一昨年、癌で亡くなった。我が家にとっていろんな意味で恩人だったその人の半ば強制的な勧誘により私はテニスを始めることになった。

それまでテニスに対する私の印象はあまりいいものではなかった。何か女の子を追っかけているというか、ちゃらちゃらした雰囲気を感じるというか、硬派を自認する男のするようなスポーツとは思われなかった。しかし、はじめに習ったコーチの影響も大きかったと思うが、実際のそれは究めて厳しい『テニス道』とでも呼ぶべきもので、根強く持っていた当初のイメージとは全く違うものだった。技術を研ぎ、肉体を鍛錬する。ゲームにあっては戦略を練り、それを実行するために高い集中力を保つ。当然対戦相手にも構想、理想があるわけで、そのぶつかり合いの中で、的確な状況判断をしつつ勝利に向かって前進する……。努力不足、実力不足により負けてしまったときは、それが重要な試合であればある程に人生を否定されたかのような悲しみと痛みを味わう。しかし、そんなときほど自らの課題が明確になり、再び立ち上がって目標に向かって奮闘する。気が付いてみれば、これらは将棋でやっていたことと全く同じだ。私はどんどん引き込まれて行った。最初の頃は筋力もなく、阪急の駅まで歩いて5分の道のりすら走り切ることができないような心肺機能の低さだったが、徐々に体力もつき、健康にもなった。今年（２００９年）の5月でテニス歴11年になったが、ここ数年は春先に体調を崩すという悪夢から逃れている。練習のし過ぎによる疲れや、筋肉痛といった新たな悩みはあるものの、この真っ黒の顔を見る限り、一昔前の自分とは全く別人のようだといえるだろう。テニスに、そして奥野さんに心からの感謝を捧げたい。

9　真剣勝負を短刀で闘う

稲荷塾の演習のクラスでは4問の課題を各自が自宅で解いて来て、それについて私が解説するという形式を採っている。本来、『塾に来てからその場で考えて、即解答』というふうにやれば、予習時に考えたときから説明を聴くまでのタイムラグもなく、また予習が甘く、十分には考えて来なかった子がいたりするようなこともなく効果的な授業ができる。しかし、1つのコマに充分な時間を取ろうとすると、かえって集中力が下がってしまうこともあるし、何と言っても全体の時間割が回らなくなってしまう。そこで、生徒自身の自覚に期待して、意味のある準備がなされていることを前提にいきなり講義を始めることにしている。ただ、最初にみんながどの程度できているかチェックすることは大切で、これは4問に割く時間配分や、どこを重点的に話すかといったことを考える上でとても参考になる。ときに誰も解けなかった問題があり、かつ時間の余裕が作れるときなどはひとつのチャンスで、解法に必要な知識などを確認して、もう一度トライさせることもある。自分でヒントを探し出し解決の糸口を見つけ出すという作業が、できないレベルからできるレベルへ、今まで見えなかったものがその瞬間に見えるようになるという境界線を通過することにより、次は自分で処理することができる段階に一歩近付けると思うからだ。

ところで「解けない」理由について考えると、それは単に必要な技術が身に付いていない、要するに勉強不足ということもある。しかしそうではなく、「すみません、勉強不足です」と頭を下げること自体が問題であることも少なくない。つい最近の授業でこの典型と思われる例があったのでそれを見てみよう。設問は整数に関連する分野の問題で、多くの諸君が苦手意識を持っている――しかもあまり見たことがないような問いかけだった。

「意味が分かりにくいし、どうすればいいのかも浮かびにくい。こういうときはどうすればいいんだろう？……」

もちろん誰も答えない。私は続けて

「一般的な表現になっているし、内容も抽象的でどこから手をつけたらいいのか見当もつかない。こういう場合は僕の力不足ですと謝れば良かったんだっけ？」

と聞いてみたところ、O君が何か気付いたようだった。普段から『調べる、状況把握、一般化』は解法のはじめだと私がよく話しているのを思い出したように見えた。

「分かったか？」

「具体的な場合で調べてみればいいいんじゃないですか？」

「そうや！　じゃあやってみ」

早速手を動かし始めた子もいたし、まだ迷っている子もいたが、2分もしないうちにY君の顔がニタッと緩むのが目に入った。

「どう?」

「これ、ひょっとしてむっちゃ簡単ですか?」

「そうや」

——結局この問題、短時間のうちに大半の子が正解にたどりつくことになった。予習段階では誰一人として手がつかなかったにもかかわらずだ。

このように心理的原因によって見えるべきものが見えなくなってしまっているというようなことは、現実の生活の中でもあるのではないだろうか? いつもいつも万全の準備をして闘いに臨めるわけではないので、あれができていない、これが不足だと負債感を背負い込み易く、それを言い訳にして一番大切な闘志を失っているようなことがけっこうあるように思う。テニスの西村コーチがこんな話をしていた。

「真剣勝負の場に出て鞘《さや》から刀を抜いてみれば、何を間違えたか短刀だった。さてどうするか? やるべきことは、短刀でできることをすることだ」

逃げることでもなく、自暴自棄になることでもなく、できないことをしようとすることでもなく、今持っている力で戦うことが大切だということだと私は解釈したが、これが難しい。ついつい相手のサーブが凄かったから……、相手はボレーが上手かったから……と敗戦の理由を自らの外に求めるが、だから自分はどう考え、どうしたのかを反省すべきで、

「そんなことないって、稲荷さんの方が強いって!」

とコーチに諭されてはじめて、もっと違う闘い方があったことに気付かされることがしばしばだ。

10　立ち上がれ、平成の志士達よ！

私は１９５９年に生まれた。１９６４年に東京オリンピックがあったときは5才だった。その頃私達が住んでいた集落にはサナトリウム（結核療養所）があり、そこにだけ電話が設置されていた。電話と言ってもトトロに出て来る、ぐるぐるぐるっとするあれだ。大きな四角いボックスが本体で、話す所と聞く所が分離されているやつで、ダイヤルを回す小型のタイプが出回るまだ以前のものだ。車を持っている家はおそらくなかったと思う。テレビがあったのは私の知る限り一軒で、もちろん白黒だった。その家に友達数人が集まり、『ビッグX』というマンガをいっしょに見たのを思い出す。雨が降ると決まって停電だった。蛍光灯はまだ普及しておらず裸電球を使っていたが、それが消えるとロウソクを取り出して来て、その光を囲んで食事をしたことが懐かしい。まだ幼かった頃の話なので断片的な記憶しか残っていないが、物が豊かな時代ではなかった。それが東京オリンピックに向けて国道が太くなり、夢の超特急（新幹線のこと）が開通し、テレビが一般家庭に普及し……所謂《いわゆる》高度経済成長期に入って、どんどんと周りの景色も変わって行った。重厚長大を良しとする産業社会の最盛期への突入だ。

物価も上昇を続けた。小学校に入る直前に父が家を買ったが、庭も立派で70坪ぐらいの土地に建った新築の家は、それまで住んでいたアパートとは比較にならないほどの快適さだった。今なら相当の価格になるだろうが、これが３５０万円だった。ちなみに公務員をしていた父の給料は当時６万円台だった。お菓子の値段も１円のチョコレートなんかもあったぐらいだからかなり安かった。そんな中で50円の森永エールチョコレートが発売されたときには子供達の間にすごい衝撃が走った。「……50円とはいいことだ♪♪」というコマーシャルの歌を歌わなかった者は誰もいなかった。

電気製品の進歩も目まぐるしい。洗濯物を絞るローラーの付いた洗濯機が洗濯板に取って代わったのはいつだっただろうか？　それが脱水機付きになり全自動になり、今や乾燥機付きが主流になろうとしている。レコードしかなかったところにカセットテープが現れＣＤが出て来て、もうその後はおじさんにはついて行けなくなっている……。それに伴い価値観も大きく変った。パソコンやオーディオ機器はどんどん小型化され、**重い厚い長い大きい**ではなく、より小さく軽いものが貴重視されるようになった。そしてその究極として情報という目に見えないものが価値を生む情報社会へと古き産業社会は変貌を遂げた。そしてさらに今、あふれる情報に揺り動かされるのではなく、真に価値あるものを作り出せる人が世の中を動かして行くという知識社会に入ったとの説明を耳にするようになった。要するに今は大激動のときで、この50年で起きた変化はそれ以前の１０００年分に相当するのではないかと思われるぐらいだ。たとえば江戸時代の人達が、生きている間に生活環境がどんどん変るなどということを経験しただろうか？　町の雰囲気が50年もしないうちに全く別物になってしまうなどということがあっただろうか？　何より世の中の主流の価値観が二転三転するというようなことが起こり得ただろうか？……一部の例外を除いて、そんなことがあっちでもこっちでも普通のこととして起こったとは思われない。

私は小学生の頃、戦国時代に憧れた。多くの武将が天下統一という理想を掲げて知恵と力でぶつかり合う魅力的な時代に見えたのだ。少し成長すると、幕末から明治維新にかけての時代に心惹かれるようになった。困難な国状を打開するために命を懸ける志士達に感動した。山岡荘八の『吉田松陰』などを読んで何度涙を流したか分からない。しかし同時に何で今はこんなに平穏なんだろう、どうしてこんな退屈な時代に生まれて来てしまったのだろうと、自らの不運を嘆いたものだ……。何という無知、何という近視眼！　今はそれらの時代をはるかに凌ぐ大激変の時だったのだ。人生を賭して取り組むに値するような課題が誰の手にでも届くところにいくらでも転がっている。気が付けば、歴史上の誰も経験したことがないほどの刺激的なチャンスに身体中取り囲まれていたのだ……。

ちょっと大げさに書き過ぎた。そんな緊張感をもって生きていたら、私自身がもっと大きな仕事をしていただろう。だが、この気付きは自分に対する檄でもあり、人生の終盤に差し掛かった今、もう一度生きる意味を煮詰め直し、若かった頃の情熱以上の情熱をもって自らの使命に燃えて行きたいと考えている。

11　検索

私は神田昌典さんの大ファンだ。神田さんは実践マーケッターという肩書きで沢山本を出しておられるが、主要なところはほとんど読んだ。5回、6回読み返した本もある。新しいところでは『全脳思考』（ダイヤモンド社・2009）という本がすごい内容だった。一応経済関連の書物として分類されているが、私にとっては自己啓発書そのものだ。私は彼が『日本が世界に誇ることのできる大天才』の1人だと信じている。

まず神田さんの本の中で『検索』について書かれているところを2ヶ所ピックアップし、私が解釈したところをまとめてみよう。一つ目は『全脳思考』からで、検索には条件検索と指名検索の2種類があると説明してある。——最近はどんなことでもインターネットで調べることができるので、商品情報を入手するために買い手が売り手に接触する必要がなくなった。そして「買う」と決めた買い手が売り手にコンタクトをとって来るので営業アプローチが大きく変化して来ている。かつては営業マンがしていた仕事の多くをホームページが代行するようになったのだ。つまり、このようになって来ると、営業の良し悪しではなく、検索されるかどうかといったことが大切であり、検索されない限り、存在していないのと同じだというわけだ。しかしだからと言って、条件検索で上位にヒットして来るようなホームページを作ろうなどという試みは方向違いだ。そうではなく、指名検索されるようにならないといけないのだ。たとえば稲荷塾ならば『東大、京大受験』などのキーワードを打って上位に来るのではなく、『稲荷塾』ってどんなところだろうと検索されるようにならないといけないわけだ。そうなるためには……と話が続いて行っている。かなり分厚い本で、多くのテーマが同時に扱われているが、そのほとんどは「ウ～ン！」と唸らされる内容になっている。まだ読んでいない方には一読をお勧めしたい。

次は『非常識な成功法則』（フォレスト出版・2002）からで、その中に「人間の脳は毎秒1000万ビットの情報を処理している」と書いてある。残念ながらこれがどの程度凄いのかが私には分からないけれど、とにかく凄いことらしい。……だから、「心から願うことや目標は紙に書け」と結論付けてある。そうすればそのための方法を脳が検索してくれるというのだ。ただ「幸せ」と打ってもグーグルが何を探せばいいのか分からず、ほしい情報を引き出してくれないのと同じで、脳に明確な質問をすることが大切だと説明してある。――この本も強烈なインパクトがあった。本当かどうか分からないような話でも「そうかな！　やってみようかな！」と人をポジティブにし、動かして行く力に溢れている。これもお勧めの1冊だ。

以上2つの検索を取り上げたが、ひとつはコンピューターの検索で、もうひとつは人間の脳の検索能力の話だから一見違う話であるかのように見える。しかし「指名検索」されるということは、人の脳の検索にかかるということなので、そのように理解するとどちらも相通じる内容について議論されているように思えて来る。結局人にはもっともっと想像することさえできないような可能性があることを教えてくれているような気がする。

さて、神田さんの本を通して脳の検索能力の凄さを知ることになった私だが、日常生活の中でその能力を使うべきなのに使っていないときと、その逆で使うべきでないのに使ってしまっているときがあることに気付くようになった。順に見て行こう。前者の典型的な例は人とけんかをしたときだ。自分の言い分の正当性を裏付ける根拠をすさまじい勢いで脳が探し回っているのを感じる一方、相手の主張はその根拠を検索しないことで意味のないものとしようとしている。こういった傾向を続けていると「考えが偏っている」「独善的だ」という評価を世間から受けることになり、何より家庭内で夫婦関係が悪くなったり、子供との信頼関係にひびが入ったりすることもある。自己中心の考え方により、すべき検索を遮断してはいけないということだ。……一応客観的に書いてはいるものの、自分自身の反省の弁だと受け取ってほしい。

後者についてはひとつたとえ話をすることにしよう。ある高校3年生がもう受験学年なんだから、今年1年は週刊漫画誌を読むのを止めようと決心したと思ってほしい。ちょっと息抜きと思って読み始めると面白いものだから20分、30分と時間を使ってしまう。1回読めばいいものをついつい2回、3回読んでしまう。後から単行本を買って読めばいいことだし、これは思い切って止めた方が良いと判断したわけだ。……相当の理由付けをして一旦決意した内容であっても、勉強が思うように進まないとき、気分が落ち込んで意欲がわかないとき、脳は知らず知らずの内に猛スピードで1回ぐらいなら自分との約束を破ってもいいじゃないかという理由を捜し始める。この検索が間違っていたことは、禁を破った後に気付くようになっている。無駄にした時間に対する後悔に始まり、自分が決めたルールを守れなかった反省、そして遂には自らの意志の弱さを責め始める。脳の検索能力は究めて強力で、どんなことであっても、自分の本当の気持ちを押さえ込んでしまうぐらいに、それを正当化するための根拠探しをやってのけてしまう。だからこの手の検索はすぐにストップすべきだ。ストップが一瞬でも遅ければ、自分が何者で、何に向かっているのかを完全に忘れてしまうぐらいに言い包められるのだ。これも私自身の苦い経験から学んだことだと言っておきたい。ところで、自分が自分に騙されるなんて変だと思うかもしれないが、私は心と脳は別物だと考えている。つまり心にアイデンティティーがあり、脳は心の指令を実行するための道具だと思うのだ。だから道具の使い方を誤ると怪我をすることがあると言ってもおかしなことではないという感じがする。

「検索」というテーマでいろいろ書いたが、まとめると、ひとつは神田さんの本を一度読んでみてほしいということで、もうひとつは強い心を持ち、身近な人と良い関係を築き、幸せな人生を生きてほしいということになるだろうか。

12　自分の土俵を探そう

私はトイレでは読書と決めており、それがときどき読書はトイレでと逆転することもあり、特に朝の忙しい時間帯と重なったときなどは家族中からひんしゅくをかうことが多い。そのほかのルーティーンとしては風呂で人間関係を中心に自分の行動をチェックするというのがある。検討するリストは年に一度作り変えることにしているが、ちょうど数日前に新年度に向けての微調整を行ったところで、今は47人がリストアップされている。検討と言っても、特に問題がなければ名前と顔を思い浮かべるだけで、1人1秒程度でどんどん処理されて行く。しかし場合によっては、立ち止まってじっくり考えなければならないこともあり、また、これがきっかけとなってあれこれと思索が思わぬ方向に発展して行くこともある。こんなことをしているので、自分が頭を洗ったかどうかが分からなくなることがあり、風呂から上がった後、「あれっ？」ということがしばしば起こる。濡れてはいるのだけれど、シャンプーを使ってちゃんと洗ったかどうかが記憶に残っていないのだ。そんなときは妻か子供に頭の臭いを嗅いでもらって、洗っていないと判定されれば、もう一度風呂に入り直すことにしている。

家内からすると、自分の頭を洗ったかどうかが分からなくなるなどということが理解できないらしいのだが、「男は大局を見ているので、小さなことには無頓着なんだ」と説明することにしている。この言い訳は多少負け惜しみ気味だが、男と女の特性の違いというのは確かに存在すると思う。私が思うに男は時間的で女は空間的だ。

新幹線に乗っていると田んぼのカエルが見えなくなるけれど、そこに立ち止まってじっと観察していると単に「カエルがいる」にとどまらず、実にいろんなことが見えて来る。これと同じで何かの目標に向かって走っていると出会った人の特徴などは非常に感覚的と言うかアバウトにしか捉えていないわけで、私なんかの場合、「それでその人、眼鏡をかけてた?」などと聞かれて答えられたためしがない。それに対して女性の観察眼は非常に繊細で正確だ。髪型から服装まで、ぱっと見て見えるところはもちろん、細かいところまでよく覚えている。はじめは関心のもち方が違うだけだと思っていたが、あるときトランプの神経衰弱をしてみてはっきりと分かった。これは能力の違いだ。私と息子はいくら頑張っても、家内と娘には一度も勝てなかった。悔しくて、必死に覚えておこうとするのだが、カードが何回かめくられるともう何が何だか分からなくなって行くのだ。それに対し女性軍は「感覚やん!」とか言いながら次々に当ててしまった。もちろんそれ以来二度とこのゲームをしたことはない。

ある分野では力を発揮することができないけれども、別の分野は得意だというようなことは実際上よくあることだ。私においても、そのもの自体を把握する能力は低いけれど、ある構想を実現させるための手順を考えるということになると情熱も湧くし、得意な方だと思っている。そういう意味で男性は時間的で女性は空間的だと言ったのだが、あくまでこれは大まかな傾向を述べたに過ぎず、個々の話となると個人差も大きく千差万別だ。

私の息子も相当に偏った人間で、あるときは究極のアホかと失望させられることもあるが、あるときはひょっとしたら天才かも……と喜ばせてくれることもある。誰でもできる筈の簡単なことができない割りに、特定の分野では驚くほどの才能を持っているのだ。アホな部分は本人の名誉のために割愛することにするが、印象に残っている話を2、3しておくことにしよう。……我が家の小さな小さな庭にはクヌギの木やらビワの木やらが生えているが、どれも拾って来た木の実を植えておいて、そこから芽を出したものだ。特にクヌギの木は大きく5ｍぐらいに育っている。あるとき、このクヌギの木の葉っぱにハチがとまり、直径1㎝ぐらいの円状に葉を切り取り、それを持って飛び立って行った。そこから息子の解説が始まった。

「あれはバラハキリバチで、切り取った葉っぱで巣を作るんだ。近くに巣がある筈やで……」

テニスコート（クレー）に直径5㎜ぐらいの穴が空いていて、じっと座って彼がそれを観察している。何をしているのかと尋ねると、やはり解説が始まった。

「これはジガバチの巣で、青虫を捕まえて来て、それに卵を産むんだ。孵化したハチの幼虫は青虫が生きたままそれを餌にするんだ……」

舞鶴で釣りをしていたとき、隣で釣りをしていたおじさんが赤い魚を釣り上げた。そして

「タイが釣れた」

と言いながら、私達のクーラーボックスに入れてくれた。

「おっ、タイか！」

私は素直に喜んだが、息子は冷静に対応していた。

「これはウミタナゴです。胎生なんですよ……」

西宮の防波堤で釣りをしていたとき、いかにも人相（魚相？）の悪い、怖そうな魚を釣ってしまった。

「恐らくこれはギンポだ。シガテラ毒はないから大丈夫、食べられるよ…」

こういったことがあるたびに、嘘だろうと思って図鑑で調べたりして来たが、彼の言ったことが間違っていたことは一度もなかった。今では我々は彼のことを博士と呼び、たとえ聞いたことがないような話を彼がしだしたとしても、基本的に信じることにしている。

そう言えばもうひとつ忘れることのできない話がある。……息子が生まれてから何年間かは、お姉ちゃんが疎外感を感じないようにと相当に気を使って育てていた。それまで独占していた親の愛情を弟が奪って行ったと感じたとすれば、心が歪《いびつ》になってしまうと思ったのだ。ここでの小さな失敗は子供の心に傷を残してしまうことにもなりかねないし、それを回復するのには長い年月を必要とすることだろう。これは私自身の苦い経験から得た知恵のつもりだったが、最初に問題が生じたのは、心配していたお姉ちゃんの方ではなかった。息子が3才になった頃、お姉ちゃんが叱られるたびに彼がニコニコしているのを発見し、「これはイカ〜ン！」ということで

「いいか興心！　人が喜んでいたら一緒に喜ぶんだ。それから人が悲しんでいたら一緒に悲しむんだ」

と諭した。いや諭したつもりだった。そのときボウズ曰く、

「じゃあ人が怒っていたらどうすんの？」

「……!?」

話が大分逸れたが、要するに人はそれぞれ力を発揮する分野が違うと思うのだ。心の向かう方向性も随分と違う。だから自分の戦うべき土俵を見つけるということがとても大切で、それこそが教育の目標だと言ってもいいぐらいだ。だが多くの場合、それはそんなに簡単には見つからないようになっていることが問題であり、かつおもしろいところだ。だからこそ、いろんなことに挑戦し、多くの経験をするということが必要で、それを通して視野を広げ、思考を深め、判断力を柔軟にして行くことができると思うのだ。冒険的、挑戦的にやってほしい。顔から火が出ると思うほどの恥をかくことも、挽回不能と思われるような失敗をすることも大丈夫。過ぎてみれば結局は、この自分探しの旅の肥やしになるのだから……。

最後にひとつだけ注意を、特に保護者に対してしておきたい。親がこうだから、子供もこうでなければならないといったような決め付けは、的を外していることが多く、慎むべきだ。親が子供に夢を描くのは当然で、また思い入れもあるから、ついつい独善的判断をし勝ちだが、子供の個性は親のものとはまた別物であることを認め、できるだけ白紙の心で真っ直ぐに子供を見つめるようにしよう。

……何か自分に言っているように聞こえて来たので、この辺でこの話は終わりにしよう。

13　まずは情緒

２０１０年、春の生徒募集で『稲荷塾は上位10％を募集します』というチラシを作った。小学校5年生から勉強を始めるとして、週1回1時間の授業で、小学生の間に中学数学を一通り学ぶことができること、そうすると中学校1年生の1年間で中学数学を掘り下げ、中2から高校数学に入るための準備を整えることができること、——これらは「画期的カリキュラム」のところで詳しく説明して来たが、要するにいつも私が主張している内容をシンプルに、そしてストレートに書いた。チラシとしての仕上がりは「よくできた」と満足できるものだった。しかし集まった生徒の多くは中学受験を終えたばかりの新中学1年生だった。かつてないほどレベルが高かった一方、意図した「優秀な小学生」は数少なく、全体としての人数も今一つだった。

折り込む時期が悪かったのだろうか、広告媒体の選び方を失敗したのだろうか、何か新しい企画を打ち出すべきだったか、……さまざまと思い悩む中でふと気が付いた。———「上位10％」の大半は中学受験の臨戦態勢に入っており、私のメッセージは非常に届きにくい状況になっている。仮に彼らとその保護者に我が意が伝わったとしても、たった一枚の紙切れからの情報で、革命的とも言える方向転換ができる筈がない。……これが今回の苦戦の本当の理由だということに思い至った。

だとすると、私は宣伝のアプローチ方法を間違えたことになるのだろうか……？　そうだ。ビジネスという観点から見ると、明らかな失策だ。だがこれにより、霧の向こうにいた敵が目の前にはっきり見えるようになった。そしてこのターゲットが相当に手強いことも分かった。……となると俄然燃えて来る。勝つぞ！　ゴリアテに挑むダビデの如く、揺ぎ無い信念を武器に強大な勢力に立ち向かう姿は英雄的だ。その姿に自らを重ね合わせてみたい。既に市民権を得ている中学受験業界に文字通り『小さな数学塾』が異を唱えるとはまさにその構図だ。はっきり言おう。**中学受験のために躍起になるのはやめよう。**

この提案を力を込めて言い続ける理由はいくつかあるが、その第1は中学入試のための塾へ通うということが小学生らしい生活を犠牲にしなければならないということを意味するからだ。そしてその努力の報酬として、もし有名中学に入れたとしても、当初の理想通りの大学に現役で合格できるのは4人に1人に過ぎない（あくまで私見）ということを知るべきだ。その他は志望を落とすか、浪人しているのだ。つまり有名中学に受かることが、期待したほどの確かな切符にはならないということが第2の理由だ。さらにここが重要な点だが、有名中学で4分の1に入るような子は、そこに行かなくても何とかなるということだ。このエッセイの「はじめに」のところで出て来た七山君は、小学校のときの通知簿の平均が3ぐらいだったそうだ。遊びまくっていたと本人は言っていたが、もちろん公立中学に入り、将棋で大活躍をし、高校ではバスケット部に入り、好きなことを思いっ切りやりながら、その後徐々に頭角を現して行ったわけだ。彼が小学生の頃から塾通いをして洛星を受けたとすれば、間違いなく合格しただろうし、その後も上位4分の1をキープしただろうことは疑う余地がない。もちろん何が幸せかは誰にも分からないところだが、勉強のエリートコースに進まなかったことが彼に幅を与えていることは確かだと思う。

私が保護者に願うことは、何よりも自分の子供を信じてほしいということだ。いい中学に入れて、いい学習環境を整えてと型にはめて行かなければ駄目だということは全くない。むしろその逆の場合もある。教育の最終目標は自立させるということだから、よい環境を与えようとし過ぎて、現実の荒波に対処しきれない子を育ててしまうこともあるのだ。自分で考え、行くべき道を自ら決定できるように助けてほしい。そのための具体的な提案をひとつするならば、遊びの場で共に過ごす時間を大切にしてほしいということだ。楽しい時間を共有すること自体が子供の心を成長させるし、時には親の欠点をさらけ出すことにもなるだろうが、そこで反省して改善の努力をするところを見せれば良い。いい面だけを見せる必要はない。そういう関わりの中で子供の情緒が育つと思うのだ。情緒などと言うと非常に『情緒的な』言葉で、明確な定義がしにくいけれども、情緒が安定している子というのは確かに存在している。自信を持っているというか、柔軟性があると表現するべきか、ちょっとぐらい厳しく言っても心がぶれないし、場合によっては多少からかったとしても大丈夫だ。こういう子はいろんな人からかわいがられ、結果的に学力も伸びて行くことになる。こういったことを考えるとき、父親の役割がすごく大事だ。社会性もその多くは父親から相続するものだ。忙しいからとか（忙しいとは心を亡くすことだ）疲れているからと言い訳をしないで、積極的に時間を作って、最も堅実にして最大の投資に情熱を燃やしてほしい。

およそ『学習塾』のアドバイスとは思われないことを書いて来たが、関連するエピソードを付け加えておこう。……以前娘が小学生の頃、私は彼女をプロのテニスプレーヤーにしたいと考えていた。私も素人で、その世界のことを何も知らない中で思い入れだけで突っ走っていたわけだが、あるとき思い立って娘を連れてアメリカのテニスキャンプに参加することにした。とにかくまずは覗いてみて、体で体験してみないことには話が始まらないと思ったからだ。もともとは砂漠だったというカリフォルニアの晴れ渡った空の下で、現場を仕切っていたのは日本人のコーチで、尾崎さんと言った。数多くのプロ選手、トップジュニアを見て来た彼の目は鋭く、技術は半端なものではなかった。その尾崎さんが娘のことを随分気に入ってくれて、キャンプの終わり近い頃私達を自宅に呼んでご馳走してくれた。テール（馬の尻尾）のスープにも驚いたが、彼の話したことがあまりに強烈で忘れることができない。

「才能って何だと思いますか？」

「……？」

「運動能力や体格だと言うコーチもいますが、そういう人は二流です」

「……」

「私は親子関係だと思います」

「……!?」

おわりに

稲荷塾はキャッチコピーを「東大、京大受験のための数学専門塾」としていることもあり、ある程度の上位層が通塾していると言ってよいが、合格実績を最大の売りとするいわゆる「進学塾」とはちょっと違う。もちろん受かってほしいとは願っているが、同時に、受かればよいというわけではないとも考えている。合格するということはあくまで通過点に過ぎず、もっと大きな目標がある筈だと思うのだ。だからクラブもしてほしいし、何か熱中できるものをもってほしいとも願っている。その上で大学受験も成功してほしい……ということになると、どうしても自己管理能力を高めることが必要になり、効率よく学ぶための方法、カリキュラムといったものを考えざるを得なくなった……。

本書では主に、この辺りの内容をテーマとして取り上げているわけだが、もう1点書き加えると「チェビシェフの不等式」のところで書いたように、これは塾生に対する願いであると同時に、私自身の娘、息子に対する願いとも密接にリンクしている。

「何もかも犠牲にしての受験勉強は不毛だ。……テニスも一所懸命やれ！　ピアノも最後まで続けろ！　それから、定期テストの前も最中もクラブを休むのはアカンぞ！　大体直前に詰め込んだような知識が後々まで残ると思うか！　……だけど、現実はそんなに甘いものじゃないから、うまくやらなあかん……」

どこの家庭でも子供に関することには必死だ。それがかえって問題を複雑にすることもあるが（必殺技リンザのところに関連する話題を載せた）、「ただただ幸せになってほしい」と願う親の心は純粋そのものだ。今、娘が高2になり、息子が中2になり、塾生と年齢的にかぶるようになって（娘も息子も塾生だ）子供に対する思いが、塾の考え方に直接的に現れるようになったような気がする。そういうこともあり、生徒の姿を通して見え隠れするその子の家庭のあり方、親子の関わり方も私にとっては大きな関心事とならざるを得ない。それは生徒のモチベーションに直接的な影響力をもっているし、私自身の生き方を考える上でも重要なテーマなので、実際の体験談も含め、親子関係についても多くのページを割いた。

ただし、この本は2004年に書き始め、6年に渡る時の流れの中で、その時、その時の思いのままに「ああじゃないか、こうじゃないか」と考えて来たことを書き綴り、それを寄せ集めることにより作られたので、話があっちに行ったり、こっちに行ったりしていることは否定できない。その点をお許し頂いた上で、中高生にはそのノウハウを学んでほしいし、保護者には親子関係を考える際の何かのヒントにしてもらえれば幸いだと思っている。また教育関係者の方々には、カリキュラム等のシステムを考えるときの参考にして頂ければありがたい。

最後になりましたが、推薦文を書いて頂いた清野先生、石川先生、原先生、それに松本さん、古田君、文吾ちゃんに感謝します。それと拙著を出版するに際し、東洋出版の石田さんには大変お世話になりました。ありがとうございました。

稲荷 誠（いなり　まこと）

高校生のときに将棋のプロを目指して奨励会に在籍。
関西学院大学理学部で量子力学を学ぶ。
京都大学理学部で数学を学ぶ。
塾講師、予備校教師を経て、現在稲荷塾代表。
趣味はテニスと、息子と行く釣り。

驚《おどろ》きの東大合格率《とうだいごうかくりつ》　小《ちい》さな数学塾《すうがくじゅく》のヒミツ

二〇一〇年　八月二七日　第一刷発行
二〇一八年　六月一一日　第四刷発行

著　者　稲荷《いなり》　誠《まこと》

発行者　田辺修三
発行所　東洋出版株式会社
東京都文京区関口1-23-6, 112-0014
電話　03-5261-1004　振替　00110-2-175030
www.toyo-shuppan.com

印刷　日本ハイコム株式会社
製本　ダンクセキ株式会社

ISBN 978-4-8096-7628-4
JASRAC出 1009885-001
定価はカバーに表示してあります